# 영국 중세 기사의 세계
## -은백의 장갑병들-

크리스토퍼 그레이벳 지음 | 그레이엄 터너 채색화 | 김진희 옮김

# CONTENTS

머리말 *Introduction*   7

기사 수행 *Training*   12
무기와 갑주와 말 *Arms, Armour and Horses*   18
   갑옷 Armour   18
   갑주로 온몸을 감싼 기사 Arming a knight in alwite armour   23
   투구 Helmets   32
   방패 Shields   35
   갑주의 장착 Wearing armour   37
   무기 Weapons   41
   말 Horses   45

컬러 플레이트 *COLOUR PLATES*   49
   A 아쟁쿠르 전투   50
   B 기사   53
   C 길거리 대결   57
   D 킹메이커의 궁정   60
   E 이탈리아식 갑주   63
   F 잉글랜드식 갑주   67
   G 장비   71
   H 토너먼트용 갑주   75
   I 웨이크필드 전투   78
   J 패배의 결과   82

편제 *Organisation* _____ 85
    노르망디 Normandy      90
    제복과 지원 Livery and maintenance      93

원정 생활 *Campaign Life* _____ 102
    전쟁에 필요한 것 The necessities of war      109

전투 *Into Battle* _____ 114
    화살 VS 갑주 Arrows versus armour      118
    조직과 식별 Organisation and identification      120

기사도 *Chivalry* _____ 125
    무술 대회 Tournaments      133

## 치료, 죽음, 그리고 매장
*Medical Care, Death and Burial* _____ 145

    용어 해설      154
    참고 문헌      161
    색인      163

Here sheweth how this noble lorde Richard Beauchamp Erle of Warrewik was made knyght to the Whitte ordre in processe of tyme, as shall appere folowyng by his noble actt: he did great honour & worship

## 헌사

기사도 정신은 좋지만,
기사에는 진심으로 넌덜머리 난다는
제인과 조아나에게
이 책을 바칩니다.


## 감사의 말

엘즈미어 초서의 기사에 대해 함께 토론해준
테리 존스 씨에게 진심으로 감사합니다.
무기에 정통한 가이 윌슨 씨는 원고를 훑어보고
여러 유의미한 제안을 해주었습니다.
갑주의 디테일에 관해 조언해준
클로드 블레어 씨, 사이먼 메트칼프 씨,
런던탑 왕실 무기고의 톰 리처드슨 씨와
커런 와츠 씨, 그리고 리즈 씨에게도 깊이 감사합니다.
촬영을 도와준 런던탑 왕실 무기고의 스티븐 하우 씨,
그리고 묘비 조각상 사진과 관련해서는
그레이엄 터너 씨와 마크 더피 씨에게 감사드립니다.

Introduction
## 머리말

 빛나는 금속 갑옷으로 온몸을 감싼 기사가 등장한 것은 15세기 이후이다.

 그들은 중세 전설 속에서, 나아가서는 19세기 소설, 그리고 더 최근에는 TV와 영화 속에서 멋진 소재로 사용되어 왔다. 강철판에 뒤덮인 전사의 모습은 금속 고리를 연결해 만든 갑옷으로 온몸을 감싼 이전 시대의 전사보다 늘 강렬한 인상을 주었다.[주1] 15세기의 인물 토머스 맬러리[주2]가 저술한 아서왕 이야기가 중세 동화를 유행시킨 나머지, 지금은 후기 로마 시대의 전사들[주3]이 15세기 기사들

---

주1) 유럽 중세 기사가 착용한 갑옷은 구조적인 측면에서 크게 세 부분으로 나눌 수 있으며, 어느 갑옷이 어느 시기에 주로 사용되었는가는 대략적으로 이하와 같다.
11~13세기에는 쇄자갑이라고 곧잘 번역되곤 하는 사슬 갑옷(chain mail, 체인 메일)을 입었으며, 14세기가 되면 여러 장의 미늘을 천 뒷면에 징(리벳)으로 고정한 갑옷(coat of plates, 코트 오브 플레이츠)이 단기간이긴 하나 주류를 이룬다. 판금 갑옷(plate mail, 플레이트 메일)은 이전부터 팔다리 방호구로 사용되었지만, 소위 전신 판금 갑옷(full plate armour, 풀 플레이트 아머)을 기사들이 입은 것은 본문에 나오는 바와 같이 15세기이다. 본서의 배경인 잉글랜드에서 발생한 내란인 장미 전쟁은 기사들이 전신 판금 갑옷을 입고 싸운 것으로 유명하다.

주2) 토머스 맬러리(Thomas Malory). 1471년에 사망. 『아서왕의 죽음(Le morte d'Arthur)』을 저술했다. 해당 서적은 아서왕에 관한 무수한 전설을 집대성한 것으로, 후대 문학에도 많은 영향을 주었다.

주3) 잉글랜드는 가이우스 율리우스 카이사르의 브리튼 섬 침공을 시작으로(기원전 55년) 로마 제국이 감행한 군사 원정으로 로마의 속국이 된다. 로마의 지배는 약 5세기 초반에는 끝난다. 하지만 그 후 앵글로색슨인이 침공해 들어와 기존에 살고 있던 브리튼인과 항쟁이 벌어진다. 아서왕의 모델인 아서 장군은 이 항쟁 때 싸운 6세기 초반의 브리튼인이다.

과 종종 동일시되곤 한다. 하지만 갤러해드[주4)]의 빛나는 인품의 배후에서는 15세기를 살았던 현실의 기사들이 저마다의 의도로 삶의 무늬를 직물처럼 짜냈다. 많은 기사는 왕에게 충실했고, 부하에게는 성실했으며, 좋은 교육을 받아 예의범절도 훌륭했다. 하지만 개중에는 그렇지 않은 자도 있었다. 이익과 처세를 위해 냉정하게 적편에 붙었다가 다시 아군 편에 붙는 이기적인 자와 출세만을 생각한 자도 있었다.

장기간에 걸친 해외 원정과 자국에서 벌어진 죽음을 건 당파 싸움은[주5)] 유능한 병사뿐 아니라 숙련된 폭도도 길러냈다. 신사조차 잔학한 행위를 했을 것이다. 전쟁은 격렬했고, 기사들은 서로 몸을 부딪쳤다. 하지만 시간이 흐르면 사건에 대한 기억이 흐릿해지면서 부드러운 장밋빛으로 바뀌곤 했을 것이다.

15세기는 기사의 신분이 변혁을 맞이한 시대였다. 봉건제에 기초한 군사 봉공은 진작에 청부 계약 시스템으로 바뀌었기 때문에 더는 기사가 땅에 대한 보답으로 주군을 위해 싸우지 않았다. 게다가 이제는 많은 사람이 지주나 각 분야의 전문가, 의회 대표로 사는 것을 오히려 선호했고, 하물며 부유한 많은 도시 주민이 기사 신분을 얻기도 했다.

기사 중에는 영어와 프랑스어, 그리고 라틴어를 구사하는 자도

---

주4) 갤러해드(Galahad). 아서왕 이야기에 등장하는 기사. 인품이 뛰어나며, 성배를 찾아내는 것에 성공한 영웅이다. 부친은 고결하면서도 인간적인 유약함을 지닌 비극적인 기사 랜슬롯이다.
주5) 대륙에서 벌어진 백 년 전쟁과 내란이었던 장미 전쟁을 가리킨다.

있었다. 궁정에서는 존 패스턴[주6]이 오비디우스[주7]의 『사랑의 기교(De Arte Amandi)』에 대해 이야기하며 열을 올렸다. 하지만 관심이 있는 귀부인에게 「구애」하는 것에 시간을 충분히 들이고 싶은 것이 아닐 때는 오비디우스의 『사랑의 치료법(Remedia Amoris)』를 보라는 추천을 받기도 했다.

그러한 시대였지만, 대영주는 질서 속에서 자신이 해야 하는 특별한 역할을 여전히 자각하고 있었다. 전쟁 시에는 전선에 서서 지휘하는 것이 그들의 임무였고, 그들의 특권은 그렇기에 주어진 것이었다.

잉글랜드는 1337년 이후로[주8] 그랬던 것처럼 백 년 전쟁[주9]을 벌이며 프랑스와 여전히 반목하는 상태로 새로운 세기인 15세기를 맞이했다. 프랑스의 왕관을 차지하기 위해 벌어졌으나 중간중간에 짧은 평화 기간이 있기도 했던 이 전쟁은 에드워드 3세(재위 1327~1377년) 시대에 시작되었다.

---

주6) 존 패스턴(John Paston), 1442~1479년. 부친은 존 1세(1421~1466년). 한 세대만에 노퍽에서도 부유한 젠트리 계층이 되며, 아버지로부터 패스톨프령을 받아 기사 계급이 된다. 해당 가문이 남긴 1450~1480년대에 주로 쓰인 여러 서간은 패스턴 서간집으로 당시를 알 수 있는 귀중한 사료이며, 그 숫자가 대략 1,100통에 달한다. 본서에 나오는 것처럼 궁정 사랑을 비롯한 당시 사회 사정을 알 수 있는 단서이며, 또한 당시 지방 영주가 자기 영지를 유지 및 방어하기 위해 얼마나 노력했는가를 알 수 있는 중요한 자료이다.

주7) Publius Ovidius Naso. 로마의 시인. 기원전 43~기원후 17년. 연애시를 다수 지었는데, 외설적인 작품이라며 아우구스투스 황제가 로마에서 추방한다. 15세기에는 아직까지 라틴어가 문서 실무에서 실용어로 사용되어 문법 교육에 오비디우스의 작품이 사용되기도 했다. 궁정 연애사가 인기를 끌자 많은 사람이 오비디우스의 시를 읽었다.

주8) 1337년 10월에 에드워드 3세가 프랑스왕의 지위를 얻기 위해 이듬해 대륙에 상륙했고 백 년 전쟁이 시작되었다.

주9) 1338~1453년에 벌어진 영국와 프랑스의 전쟁.

크레시(1346년)와 푸아티에(1356년)에서 잉글랜드군이 대승리를 거두었음에도 프랑스인은 굴복하지 않았다. 그러한 가운데 1380년 흑사병의 파멸적인 참화로 잉글랜드에서만도 인구의 약 3분의 1이 줄었다.

헨리 4세(재위 1399~1413년) 시대에 새로운 세기를 맞이했을 때는 불안정하긴 했으나, 아직까지 평화가 유지되고 있었다. 하지만 1412년주10)에 왕의 아들인 헨리 5세(재위 1413~1422년) 시대가 되자 국내 문제로부터 눈을 돌리기 위해 왕이 외국에 나가 모험하길 원했고, 이로 인해 새로운 전쟁의 분위기가 서서히 고조되기 시작한다. 1415년에 아진코트(Agincourt)에서 그가 올린 극적인 승리는 별다른 효과도 없었다. 실제로 적을 소모시킨 것은 계속해 벌어진 격렬한 공성전이었다. 그리고 그야말로 영국과 프랑스, 두 왕국이 통합되려나 싶던 그때 헨리 5세는 갓난아기(생후 9개월)인 헨리 6세(1422~1461/복위 1470~1471년)에게 왕좌를 넘기고 1422년에 이질로 사망했다. 헨리 6세의 왕위는 1460년까지 건재했으나, 잔다르크에게 도움을 받은 프랑스인의 반항에 의해 잉글랜드의 요구가 산산조각 나는 것을 보게 되며, 1453년에는 칼레만 남게 된다.

잉글랜드에서는 랭커스터 가문 출신인 헨리의 유약한 통치로 인해 에드워드 3세의 자식 중 하나인 요크의 에드먼드주11)의 자손이 왕위를 노리고 공격해올 수 있는 상황이 된다. 이로 인해 시작된 내

주10) 헨리 5세가 왕이 된 것은 1413년이다. 전년도인 1412년부터 부왕 헨리 4세가 중병으로 움직일 수 없었으니 실질적으로는 5세가 통치했다고 보아야 할 것이다.
주11) Edmund of York. 1341~1402년. 에드워드 3세의 다섯째 아들. 케임브리지 백작 랭글리의 에드먼드. 후일의 초대 요크 공작. 요크 가문의 초대 왕, 에드워드 4세는 증손자에 해당한다.

란이 장미 전쟁주12)이다.

  이 왕조 내부의 다툼은 오늘날 영국 요크셔주와 랭커셔주의 지리적인 구분에 영향을 주었을 뿐 아니라 과거 잉글랜드에서 벌어진 전쟁 중에서도 가장 피비린내 나는 전쟁을 야기한다. 이윽고 요크 가문 출신인 에드워드 4세(재임 1461~1470년)가 왕관을 손을 넣었고, 한 차례 왕위를 잃었으나, 복위한다(1471~1483년). 그런데 아들 에드워드 5세(재위 1483년 4~6월)는 런던탑에서 자취를 감추고,주13) 4세의 동생 리처드 3세(재위 1483~1485년)는 랭커스터 가문의 피를 이은 헨리 튜더(후일의 헨리 7세/재위 1485~1509년)의 침공을 막기 위해 분투하다가 보스워스에서 전사한다. 1485년 이후로 사실상 전쟁은 종결되고, 잉글랜드는 새로운 왕조(튜더 왕조)가 통치하게 된다.

---

주12)  1455~1485년. 잉글랜드의 왕위를 둘러싸고 벌어진 내란.
주13)  아직 소년이던 에드워드 5세와 그의 동생 요크 공작이 런던탑에서 사라졌으며, 그 후로도 행방을 알 수 없었던 사건을 말한다. 17세기에 런던탑에서 소년 둘의 유골이 발견되어, 악명 높은 숙부 리처드 3세가 왕자들을 제거했을 것으로 보고 있다. 상황 증거의 측면에서 리처드의 입장이 확실히 불리하다.

Training
# 기사 수행

귀족 집안에서 태어난 남자는, 다소 늦을 수는 있더라도, 약 7살 정도가 되면 기사가 되기 위해 훈련을 받기 시작한다. 보통은 다른 집, 대개 외삼촌 등의 친척 집으로 보낸다. 세도가의 자식은 왕궁으로 보내기도 했을 것이다. 이러한 소년은 예의와 매너, 노래와 춤, 그리고 귀부인을 어떻게 에스코트해야 하며, 환대받는 참석자가 되기 위해서는 어떻게 해야 하는가를 배운다. 나이가 조금 더 들면 말을 돌보는 법을 배우고, 무기와 갑주에 대해 숙지하고 손질하는 고된 업무에 착수한다. 주인의 갑옷과 투구(harness, 하네스)는 식기장에 보관했을 수도 있다. 왜냐하면 녹슨 부분 하나 없는 깔끔한 상태로 유지해야 했기 때문이다(여기에는 올리브유를 사용하는 것이 최적이다). 갑주의 부품을 슬라이드 시키거나 회전시킬 때 축 역할을 하는 징도 제대로 기능하게 관리해야 하고, 가죽끈이 헤어져 끊어져 있어서도 안 된다. 이리하여 그는 기사를 따라다니는 종기사(esquire, 에스콰이어)[주14]가 되는데, 이 일을 하기에 적합하지 않은 것으로 판명나면 (성직자가 되라며) 교회로 보내기도 했다. 종기사가 되면 무

---

주14) esquire는 종자, 방패를 드는 자, 기사 견습생, 향사 등으로 번역된다. 본서에서는 주로 주인의 시중을 들며 전투 시에는 보병으로 참전하는 평민 출신자는 종자라 하고, 기사가 되길 지망하며 방패를 들고 다니는 자는 종기사라고 했다. 또한 기사보다 한 단계 낮은 신분을 나타낼 경우에는 향사 계급이라고 했다. 종기사 중에는 기사 서임식을 하지 않았을 뿐 부하도 있고 지휘도 하는 등 기사와 같은 역할을 하는 실력자도 있었다.

기를 다루는 훈련을 더 많이 해야 한다. 때로는 무게가 두 배나 되는 무기를 이용해 근육을 단련하기도 했다. 1489년에 캑스턴[주15]이 번역한 크리스틴 드 피장[주16]의 작품에 다음과 같은 기술이 나온다.

「무기를 다루는 병사인 기사는 무기 취급법과 전투법을 익히도록 젊은 시절에 선발해 교육한다」

병법 전문서를 읽는 자도 많지만, 전쟁터에서 직접 실천해보는 것이야말로 최고의 학습 방법이다. 종기사는 기사와 함께 사냥하러 가서 여러 사냥 신호를 분간하는 법과 사냥물을 깔끔하게 해체하는 법을 배웠다. 그는 장궁[주17]와 석궁[주18] 사용법도 배웠겠지만,

---

주15) 윌리엄 캑스턴(William Caxton). 1422경~1491년. 영국 최초의 인쇄출판업자. 영어 번역 출판을 목표로 브뤼헤에서 출판한 후 잉글랜드에서 다수의 영어 번역 출판을 했다(1476년부터). 원래부터도 번역에 관심이 많아서 본인이 직접 기사도 관련 서적 등을 번역하기도 했으며, 출판물 수가 약 80점에 이른다. 참고로 구텐베르크에 의한 유럽 활판 인쇄가 1455년에 시작되었는데, 그는 대륙에서 이 기술의 존재를 알게 된 후 출판 사업에 뜻을 두게 된다. 아직까지 서적이라고 하면 프랑스어로 쓰인 것뿐이던 시대였기에, 그의 사업이 비즈니스로서는 성공하지 못했지만, 큰 의미가 있다고 할 수 있다. 영어 서적을 비교적 쉽게 읽을 수 있게 된 것은 그 이후이다.

주16) 크리스틴 드 피장(Christine de Pisan). 1365~1430년경. 프랑스 여류 시인. 여성을 옹호함과 동시에 여성 교육을 위한 책도 산문으로 썼다. 전적으로 문학 방면에서 활동한 것으로 알려져 있으나, 4세기 로마 군사학자 베게티우스(Vegetius, Flavius Renatus)의 『군사학론(Epitomarei militaris)』을 프랑스어로 번역하고 공성전에 관해 논하기도 했다.

주17) longbow. 긴 것은 180cm에 달하기도 하는 잉글랜드 특유의 궁. 가장 큰 특징은 관통력이며, 손으로 시위를 당기는 게 아니라 몸으로 활 본체를 밀어내듯이 시위를 당긴다. 그래서 자유자재로 구사하려면 상당한 훈련이 필요하지만, 숙련병이라면 10초에 한 발의 속도로 화살을 날릴 수 있다.

주18) crossbow. 활이 손잡이 끝부분에 달린 T자형 무기. 화살을 시위에 걸려면 품과 시간이 들지만, 위력이 뛰어나다. 차츰 더 강력한 활이 요구되면서, 손과 몸만으로는 시위를 당길 수 없는 것이 만들어져, 기계적인 장치로 시위를 당기게 된다.

리처드 비첨(Richard Beauchamp)이 헨리 6세로부터 기사 칭호를 받고 있다. 15세기 초반의 상황인데, 15세기 후반의 의상을 걸친 모습으로 그려져 있다.
(British Library의 허가를 받고 게재. MS Cotton Julius E IV, art. 6, f.2v)

사냥터에서만 한정적으로 사용했다. 전투 상황에서 이러한 무기를 사용하는 것은 그의 역할이 아니었다. 사냥은 또 승마 기술을 향상시켜 주었다. 땅 대부분이 넓은 전원과 탁 트인 들이었기 때문에 말이 벽을 뛰어넘을 것을 기대하지는 않았다.

소년은 주인을 따라 전쟁터에 들어가, 주인이 부상을 입으면 전투 상황으로부터 빼내고, 낙마하면 다시금 안장 위로 밀어 올릴 것이 요구되었다. 교육 수준은 이전 세기보다 높아져 라틴어와 프랑스어의 읽기 쓰기를 사제나 보조 사제에게 배웠을 것이다.

소년이 18~21살쯤이 되면 기사 서임 의식을 치렀다. 기사 서임은 종종 축하연이나 무술 대회(tournament, 토너먼트) 등처럼 정성이 많이 들어가는 행사를 개최할 구실이 되었고, 기사 지망자들이 부유한 집안 출신일수록 행사를 거창하게 치렀다. 혈통 좋은 젊은이의 경우에는 왕에게 직접 서임받았다. 때에 따라서는 전투 전에, 혹은 얼마나 공을 올렸는가에 따라서 전투 후에 간혹 기사로 서임되기도 했다.

기사가 된 후에도 훈련은 계속해야 했다. 나무 말뚝(pell)을 베고, 중앙 정원에서 누군가를 상대로 능력을 시험해보고, 창술용 과녁(quintain, 퀸튼. 나무 말뚝 위에 붙여 놓은 인형)을 상대로 말을 타고 돌진했다. 창술용 과녁 중에는 상반신이 회전하는 것도 있었다. 가로대의 한쪽 편에 방패를 매달고, 좌우의 무게 균형이 잡히도록 가로대의 반대편에는 무거운 추를 매달았다. 창술용 과녁을 지나칠 때 갤로핑(galloping, 전력 질주)에 늦게 돌입한 자나 방패의 정면을 제대로 찌르지 못한 자는 방패를 타격한 반동으로 날아온 추에 호되게 얻어

1500년경 잉글랜드의 무술 대회(토너먼트)에서 행해진 마상 단체전 투르니. 희한하게도 기사 모두가 개구리 입 모양의 헬름을 쓰고 있다. 도검을 들고 싸우기도 했다면 이래서는 앞이 잘 보이지 않았을 것이다.
(British Library의 허가를 받고 게재. MS Harley 326, f.113)

맞았다. 매달려 있는 고리를 마상창(lance, 랜스) 창끝에 끼워 떼어내는 연습도 했다.

15세기 중엽이 되면 많은 귀족이 점점 더 법률이나 당시에 집필된 『귀인의 책(Boke of Noblesse)』에서 윌리엄 우스터[주19]가 비판한 것과 같은, 보다 평온한 직종에 종사하길 원하게 된다. 소집할 수 있는 (유경험자) 기사의 수가 줄어든 탓에 전쟁 관련 조언은 대프랑스 전쟁에 참여했던 숙련된 지휘관에게 구해야 했다. 머지않아 정규 병사들의 훈련이 해당 지구 부대 지휘관 개개인의 가치관에 따라 이루어지게 되었다.

---

주19) William Worcester 또는 Botoner. 1415~1483경. 젠트리 계층. 옥스퍼드에서 수학했다. 존 패스톨프를 섬겼으며, 학식과 경험이 풍부해 다양한 역할을 했다.

# Arms, Armour and Horses
# 무기와 갑주와 말

### Armour
### 갑옷

15세기 초에 이미 강철판이 기사의 온몸을 감싸고 있었지만, 앞선 세기에 몸통 보호에 주로 사용된 것은 판금 조각을 단 코트, 즉 코트 오브 플레이츠(coat of plates)였다. 다른 이름으로는 플레이츠라고도 한다.

캔버스 천으로 감싸인 이 몸통 갑옷은 여러 개의 금속판이 안쪽 면(때로는 겉면)에 징으로 고정되어 있었다. 그 위에 벨벳 천이나 가죽과 같은 고급 재질을 덧댔으며, 표면으로 징의 머리가 보였다. 징의 머리는 간혹 주석이나 금으로 도금했고, 더욱 아름다워 보이도록 나뭇잎 모양으로 만들기도 했다.

보통 금속판은 수평 방향으로 고리 모양을 이루도록 달았지만, 많은 경우에 두 장의 금속판으로 이루어진 가슴 보호판 또는 한 장으로 이루어진 흉갑판(breastplate, 브레스트플레이트)이 달려 있기도 했다. 이 코트는 판초처럼 뒤집어쓰며 등 뒤에 고정 장치가 있었다. 하지만 개중에는 옆구리에 고정 장치가 있거나, 한쪽 혹은 양쪽 어깨를 여미며 입는 것도 있었다.

하지만 15세기에는 외부 흉갑과 그 밑에 칭칭 휘감듯이 장착하는 강철 하복부 보호대(fauld, 폴드)와 함께 플레이츠를 입었다. 플레이츠 속에는 소매가 긴 쇄자갑(mail, 메일) 코트를 입었으며, 이는 철제

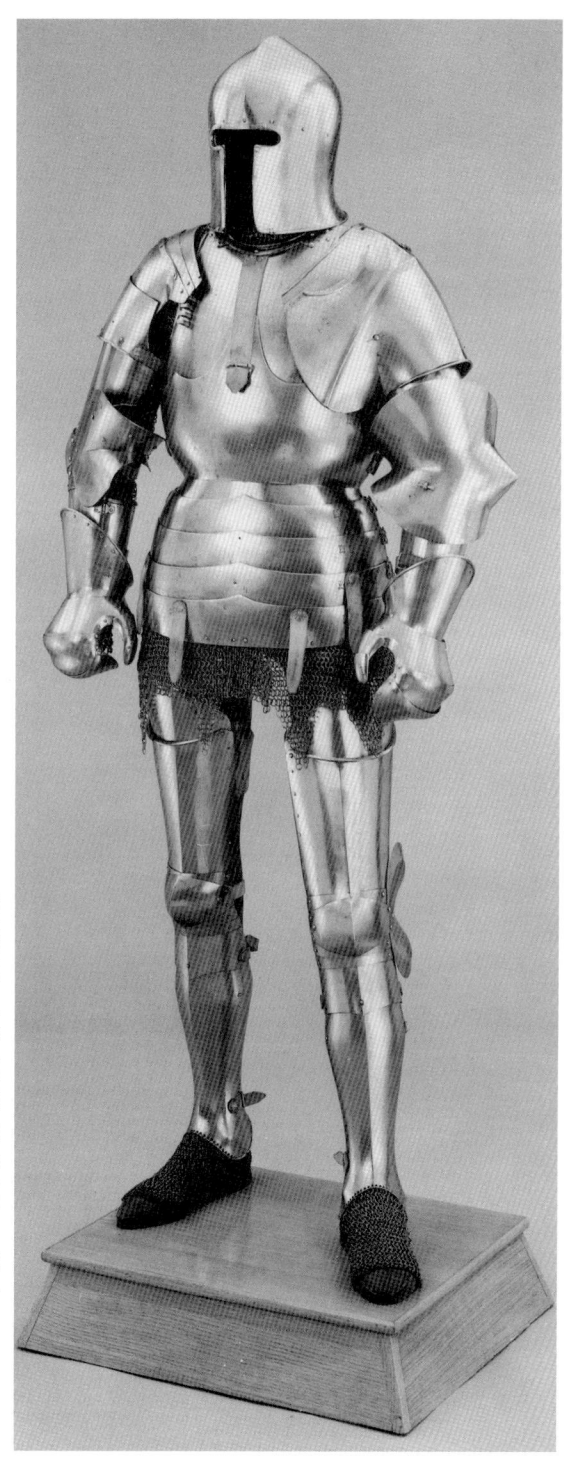

1450년경 북부 이탈리아제 갑주. 원래는 이탈리아 티롤 지방에 위치한 쿠르부르크(Churburg)의 성에 있었던 것. 바벗 투구가 원래의 아멧 투구를 대신하고 있다. 왼쪽의 건틀릿(쇠장갑)은 복원된 것이다. 태싯(허리에서 넓적다리까지 늘이는 방호구), 쿨렛(엉덩이 보호대), 그리고 오른 팔꿈치의 보강 부분은 결손되었다.
(Glasgow Museums: Art Gallery and Museum, Kelvingrove)

고리를 연결한 후 각각의 고리를 징으로 고정한 것이었다. 이러한 코트는 보통 플레이츠보다 살짝 더 길었으며, 빳빳하게 서도록 두꺼운 고리로 만든 업스탠딩 칼라를 달기도 했다. 무기를 맞았을 때의 충격이 흡수되도록 그 밑에 충전물을 넣은 아케톤(aketon)을 입었다. 타격 받았을 때 고리 연결이 끊어져 부상을 입지 않더라도 사슬 갑옷은 유연하게 움직여서 타격에 의해 휘어지게 되므로 착용할 필요가 있었다.

대략 1425년이 되면 기사들은 드디어 코트 오브 플레이츠 대신에 갑옷 장착용 내의(이후 '갑옷용 내의'. arming doublet[아밍 더블렛])에 갑옷

퀴래스(흉갑)를 위에서 본 모습.
(Glasgow Museums: Art Gallery and Museum, Kelvingrove)

장치용의 장착 끈(point[포인트], 끈. 종종 붉은색인 경우가 있음)으로 직접 장착하는 갑옷을 입게 되고, 충전재를 넣은 코트에는 겨드랑이 아래나 팔 안쪽을 가리는 쇄자갑으로 된 보호대, 거싯(gusset)이 달린다. 대략 1485년경에 집필된 헤이스팅스 사본(『보병 전투를 위한 효율적이고 실용적인 무장법[How a Man Shall be Armed at His Ease when He Shall Fight on Foot]』)에 따르면 장착 끈은 석궁의 시위와 마찬가지로 가늘게 꼰 끈을 밀납으로 단단하게 만들고 끝에 놋쇠로 된 금속 장식(aiglet, 에이글릿)이 씌워져 있었다고 한다. 개중에는 튼튼하고 탄력 있으며 부드러운 가죽으로 만들어진 것도 있었을 것이다.

플래카트(하부 가슴 보호대 덮개)를 떼어낸 퀴래스(동갑). 장착한 사람의 오른쪽에서 본 모습. 창 받침의 고정쇠(스테이플)가 또렷하게 보인다.
(Glasgow Museums: Art Gallery and Museum, Kelvingrove)

기장이 긴 쇄자갑 코트를 입은 기사도 얼마 안 되지만, 아직 있었다. 그 소매 길이는 무릎까지 내려왔으며, 상완 판금 보호구(완갑)로 감싸여 있었다. 참고로 이러한 장비는 15세기 중반 이후로 이탈리아에서 더욱 일반화된다.

백플레이트(배갑) 하부와 큘렛(엉덩이 보호대). 브레스트플레이트(흉갑)와 폴드(하복부 보호대)를 연결하는 경첩과 갑주 직공의 각인이 보인다. 커다란 장식용 징은 결손된 럼프가드(뒤쪽 허리&넓적다리 보호판)를 늘어뜨리기 위한 것.
(Glasgow Museums: Art Gallery and Museum, Kelvingrove)

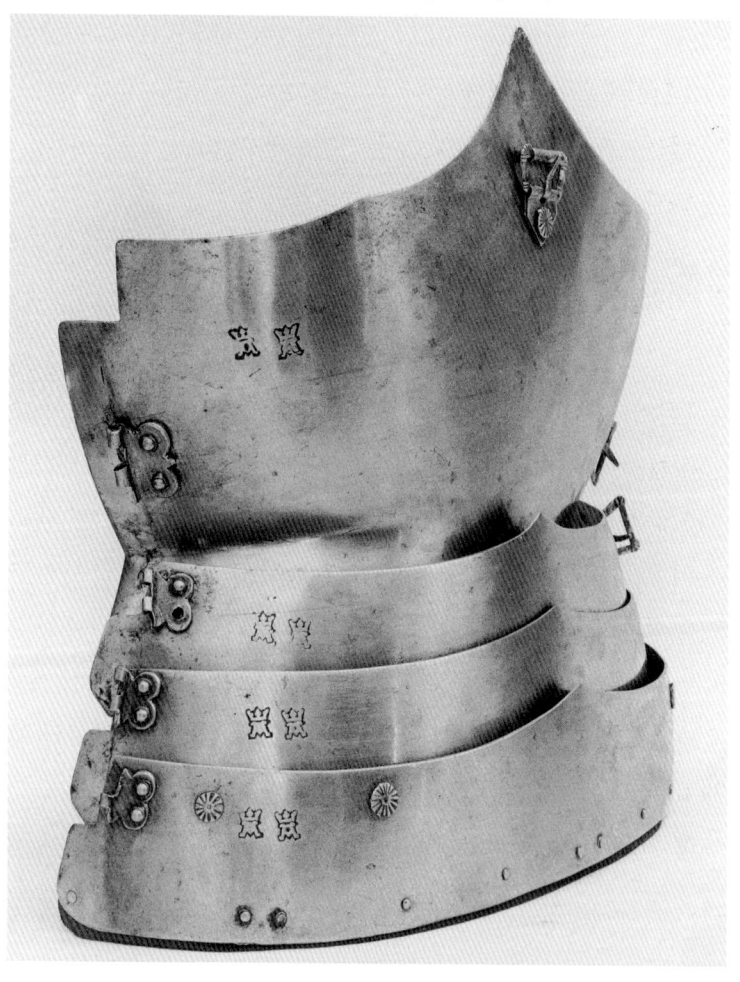

Arming a knight in alwite armour
## 갑주로 온몸을 감싼 기사

기사는 늘 발에서부터 위를 향해 순서대로 갑옷을 입었다. 갑옷을 입기 전에 왕왕 모직물로 만들어진 다리 싸개를 신었다. 1485년경에 집필된 헤이스팅스 사본에 「소모(梳毛) 직물」(노퍽제로 추정)로 만들어진 호스(hose)[주20]에 대한 언급이 나온다. 발에는 미끄러지지 않도록 고안된 신발을 신는데, 이에 대해 상세하게 묘사되어 있다.

> 「또 신발이 한 켤레. 신발은 두툼하고 부드러운 가죽으로 만들어졌고, 중간중간에 매듭이 있는 빡빡하게 꼰 끈을 신발 바닥에 단단하게 꿰매 붙여 발바닥에 돌기를 만들었으며, 중앙 부분의 끈은 발뒤꿈치 부분의 끈보다 가늘고, 그 간격은 손가락 3개 정도였다」

헤이스팅스 사본에 따르면 면과 마로 된 퍼스티언 직물의 안쪽 면에 새틴을 댄 갑옷용 내의 속에는 셔츠를 입지 않았다.

15세기 중반에는 호스가 엉덩이까지밖에 올라오지 않았기 때문에 어떻게 고정했을까 하는 의문이 든다. 나중에 더 위쪽까지 올라오게 길어졌을 때도 여전히 생활용 더블릿에 장착 끈을 끼워 고정했다. 생활용 더블릿을 밑에 입었을 것 같지 않으므로(헤이스팅스 사본하고도 모순된다) 당시에는 갑옷용 내의의 아래쪽 가장자리 부근에 끈 한 쌍을 끼울 수 있는 구멍이 있었다고 봐야 한다. 관례상 장착 끈

---
주20) 가랑이까지 올라오는 긴 양말 또는 여기에서 발전한 타이즈.

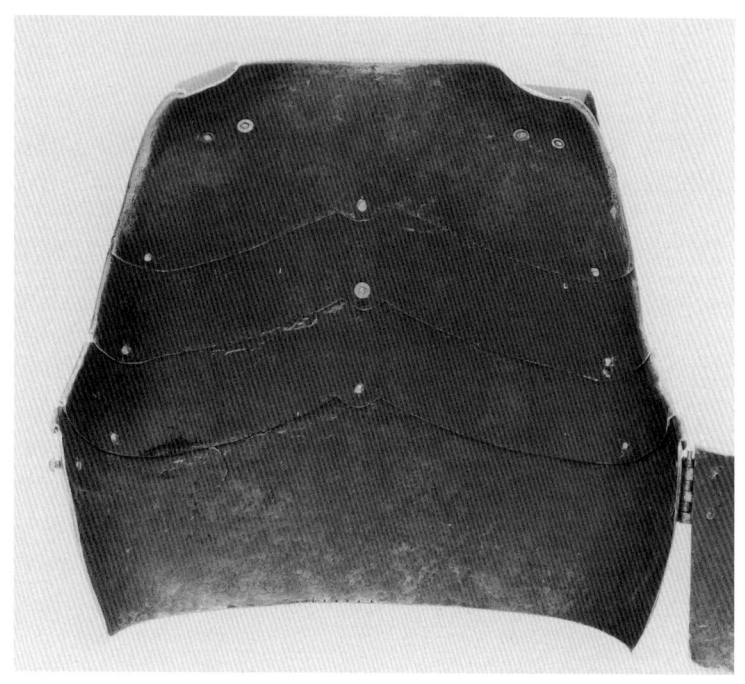

백플레이트(배갑)의 안쪽 면. 판금을 슬라이드 시키는 축 역할을 하는 징이 달려 있다. (Glasgow Museums: Art Gallery and Museum, Kelvingrove)

과 구멍을 등 뒤쪽에 달지는 않았다. 왜냐하면 평상시에도 생활할 때 몸을 앞으로 크게 구부리면 그것들이 파손될 우려가 있기 때문이다.

갑옷용 내의는 가벼운 내의에 뚫린 한 쌍의 구멍에 끼운, 마찬가지로 한 쌍의 장착 끈으로 정면에서 여몄다. 헤이스팅스 사본에 구멍이 많이 뚫린 더블릿에 관한 내용이 나온다. 그것은 장착 끈을 끼우기 위한 구멍일 수도 있지만, 통기성을 높이기 위해 겨드랑이에 작은 구멍을 뚫어놓은 것일 수도 있다. 그러나 현존하는 이런 부류

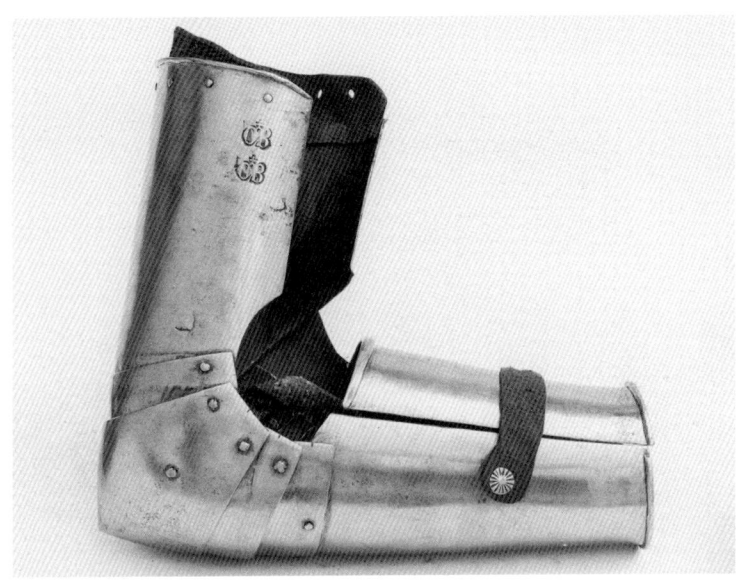

글래스고의 이탈리아식 갑주 중 왼쪽 뱀브레이스(완개)의 세부. 가드 오브 더 뱀브레이스(팔꿈치 보호대 보강판)을 벗긴 모습. 쿠터(팔꿈치 보호대) 부분의 판금을 회전시켜주는 축 역할을 하는 징이 보인다. 팔꿈치 보호대의 오른쪽 아래에 있는 징은 전완갑 판금을 슬라이드 시켜준다. 어퍼 캐넌(상완갑)에는 갑주 직공의 각인이 새겨져 있다. (Glasgow Museums: Art Gallery and Museum, Kelvingrove)

의 재킷은 갑옷용 내의가 아니다.

16세기 그림에 장착 끈을 사용하는 모습이 그려져 있기는 하지만, 쇄자갑제 보호대(거싯)는 헤이스팅스 사본에 나오는 것처럼 내의에 꿰매 붙여져 있었다. 헤이스팅스 사본을 통해 판금에 쓸리지 않도록 무릎 주변을 얇은 블랭킷(「shorte bulwerkis」)으로 감쌌던 것을 알 수 있다.

목 주변에는 곧게 서는 쇄자갑제 업스탠딩 칼라를 덧댔다. 이를 갑옷용 내의의 칼라에 붙였을 것으로 흔히 생각하지만, 세밀하게

15세기의 2사분기에 잉글랜드 북부의 『신앙의 사막(Desert of Religion)』에 그려진 기사. 뱀브레이스(완개) 바깥쪽으로 소매가 드리워져 있다. 기묘한 막대 모양의 무기에는 세 개의 미늘(barb)과 가시 모양 돌기(스파이크)가 달린 긴 도끼가 달려 있다. 적의 무기가 손잡이를 따라 미끄러져 내려오지 않도록 가로 막대도 달려 있다. (British Library의 허가를 받고 게재. MS Cotton Faustina B VI, f.1)

조각된 대부분의 묘비 조각을 보면 정면에서 여며놓은 모습이 관찰되지 않는다. 곧게 세워진 형태의 칼라는 등 쪽에서 묶는 별도 부품의 장착물임을 알 수 있다. 착용할 때 다른 사람의 도움이 필요하겠지만, 훨씬 단단하게 장착할 수 있는 방법이다.

발바닥을 제외하고 발은 철 신발(sabaton, 사바톤)로 덮여 있었다. 철 신발은 끝부분이 겹쳐진 일련의 판금 판(lame, 라메)으로 되어 있으며, 양 측면을 징으로 고정해 놓아 그 징을 축으로 해서 각각의 판금 판이 회전했다. 철 신발은 다리 바깥쪽 복사뼈 밑에서 장치하도록 되어 있으며, 안쪽에 있는 가죽띠와 버클을 조여 고정했다. 발바닥을 가로지르는 가죽 발걸이(stirrup, 스티럽) 위로 발을 넣어 착용했으며, 또한 신발 갑피에 달린 장착 끈을 철 신발 갑피에 난 구멍에 끼워 통과시킨 후 더욱 단단하게 고정하기도 했다. 이탈리아 양식으로 만들어진 쇄자갑제 철 신발을 착용할 때는(잉글랜드에서는 드문 일) 가장자리는 가죽띠로 고정하고, 등 부분은 끈으로 묶어 고정했다. 또 정강이 보호대(greave, 그리브)의 하연부에 있는 여러 개의 구멍에 끈을 끼워 고정했다. 정강이 보호대는 다리 바깥쪽에 경첩이 달렸으며, 베일 가능성이 적은 안쪽에서 가죽띠와 버클을 조여 닫았다. 철 신발에는 보통 한 쌍의 장착 끈으로 연결했다.

무릎 보호대(poleyn, 폴레인)와 넓적다리 보호대(cuisse, 퀴스)는 둘을 합해 하나의 갑옷으로 간주했다. 정강이 보호대의 상연부에 비틀어 고정하는 핀주21)이 달려 있어서 이 핀을 무릎 보호대의 하부 판

---

주21) turning pin. 핀 머리에 돌출부가 있어서 열쇠 구멍 형태의 구멍에 끼운 후 비틀면 돌출부가 걸려 양쪽 판금이 고정된다.

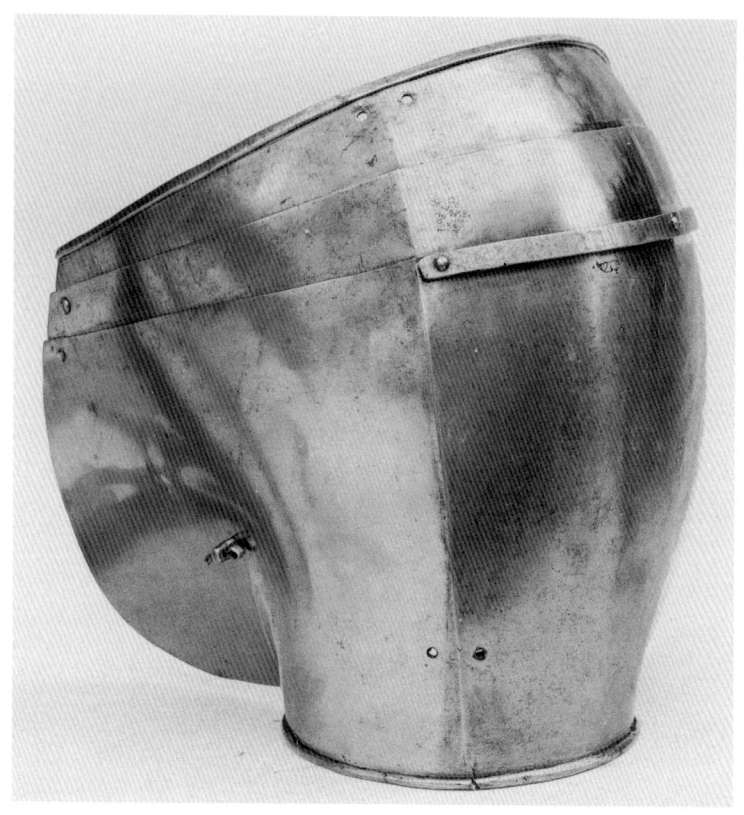

가드브레이스(견갑 보강판)를 벗긴 왼쪽 폴드런(견갑). 아밍 포인트(갑옷을 장착하기 위해 사용하는 끈)를 통과시키는 구멍이 한 쌍 뚫려 있는 것에 주목하자.
(Glasgow Museums: Art Gallery and Museum, Kelvingrove)

금에 있는 구멍에 끼워 정강이 보호대와 결합했다(컬러 도판 E 참고). 그리고 무릎 보호대의 주요 판금과 넓적다리 보호대는 무릎과 넓적다리의 뒤쪽에서 각각 가죽띠로 다리에 고정했다. 넓적다리 보호대를 다리에 접촉시킴과 동시에 지탱에 도움이 되도록 구멍을 뚫어놓은 가죽 손잡이를 넓적다리 보호대의 상연부에 징으로 고정시켜 놓았으며, 갑옷용 내의에 마찬가지로 뚫어놓은 한 쌍의 구멍에 달린, 마찬가지로 한 쌍의 장착 끈으로 갑옷용 내의 하부에 고정했다. 양쪽 다리하고도 같은 방법으로 장착했다.

쇄자갑제 스커트는 성기를 보호함과 동시에 쉽게 앉을 수 있도록 해주는 것으로, 허리에 둘러 연결했다. 추측건대 상연부를 따라 쭉 달려 있는 장착 끈으로 더 단단하게 고정시켰을 것이다. 보행하며 싸우는 실전 전투나 무술 대회(토너먼트)에서는 스커트 대신에 양다리 사이에 있는 보호대를 앞에서 묶은 쇄자갑제 팬티를 입었을 수도 있다. 하지만 이 팬티는 말을 탈 때 입기에는 적합하지 않았을 것이다.

흉갑에는 안쪽에 달린 가죽끈으로 하복부 보호대(폴드)를 장착했는데, 약 1430년경이 되면 하복부 보호대의 하단 판금이 두 장으로 나누어진다. 두 장으로 나뉜 하단 판금은 가죽 띠로 장착했으며, 이후 허리와 넓적다리를 보호하는 장비로 발전해 태싯(tasset)이라 불리게 되었고, 점차 길어졌다. 견갑(backplate)에는 엉덩이 보호대(culet, 쿨렛. 스커트)가 있고, 보통 그 아래쪽에 한 장짜리 판으로 된 럼프가드(rump-guard)가 달려 있었다. 하복부 보호대의 고정핀을 빼고, 흉갑과 견갑을 연결하는 축 역할을 하는 핀을 중심으로 회전시키기만 하면, 때로는 동갑(cuirass, 퀴래스) 전체를 한 번에 착용할 수도 있었다. 전체적으로는 착용자의 오른쪽 면에 있는 가죽띠와 버클, 그리고 어깨를 가로지르는 가죽띠로 여몄다. 허리&넓적다리 보호대(태싯)는 아마도 미리 달아놓았을 것이다.

완개(vambrace, 뱀브레이스)는 빗물받이 형태의 상완갑(upper cannon, 어퍼 캐넌)과 팔꿈치에 달린 밥그릇 형태의 팔꿈치 보호대(couter, 쿠터), 그리고 전완을 에워싼 두 개의 판금으로 이루어진 원통 형태의 전완갑(lower cannon, 로어 캐넌)으로 이루어졌다. 이들은 하나의 방호구라서 그저 팔을 넣고 잡아 올리기만 하면 되었으며, 상완갑의 상단 테두리에는 갑옷용 내의의 어깨 부분에 달린 한 쌍의 매듭 끈과 연결하기 위한 가죽으로 된 고리가 달려 있었다. 전완갑에는 팔을 넣었다 빼기 편하도록 경첩이 달려 있으며, 가죽띠로 여몄다. 약 1430년이 되면 상완갑은 거의 상완을 감싸게 된다. 당시 이탈리

폴드런
견갑

브레스트플레이트
흉갑판

어퍼 캐넌
상완갑

쿠터
팔꿈치 보호대

로어 캐넌
전완갑

폴드
하복부 보호대

건틀릿
쇠장갑

태싯
허리&
넓적다리 보호대

퀴스
넓적다리 보호대

폴레인
무릎 보호대

그리브
정강이 보호대

폴드런(견갑)의 안쪽. 판금을 슬라이드 시켜주는 축 역할을 하는 징이 보인다.
(Glasgow Museums: Art Gallery and Museum, Kelvingrove)

아제 갑주에는 비대칭적인 강화판을 팔꿈치 보호대의 날개와 견갑 (pauldron, 폴드런)에 장착했지만, 서유럽 양식에는 종종 독일 스타일의 분리된 팔꿈치 보호대를 다는 경우가 있어서 연결용 장착 끈을 팔꿈치 부분에 달아둘 필요가 있었다(컬러 도판 F 참고). 전완갑은 추측건대 끈으로 상완갑 하단에 장착했겠지만, 정확한 장착법은 알려지지 않았다.

어깨는 15세기 전반에는 층층이 겹쳐진 겹판 구조로 만들어진 견개(spaulder, 스폴더)로 보호했다. 이는 판금 한 장의 상단에 뚫어놓은 구멍에 끼운 장착 끈과 팔 아래에 달린 가죽띠와 버클로 고정했다. 때때로 견개에 매달거나 끈으로 묶은 한 쌍의 「방호판」(besagew, 베세주)이 겨드랑이 아래를 보호했다. 방호판은 보통 원형으로, 간혹 중앙부에 짧은 돌기가 달린 것도 있었다. 1440년 이전에 가슴과 등을 감싸는 어깨 방호구인 견갑이 일반화되었으며, 견개처럼 장착했다.

쇠장갑(gauntlet, 건틀릿)은 입구가 넓게 펼쳐져 있으며, 손가락 관절 부분이 피라미드 모양으로 솟아 있거나 강철 가시인 「장식용 징」(gadling, 개들링)이 설치되어 있었을 수도 있다. 또 약 1440년이 되기 전에 미튼(벙어리장갑) 형태였던 것이 손가락장갑 형태로 바뀐다. 도검은 이제 벨트를 이용해 왼쪽에 찼고, 추측건대 단검은 오른쪽에 찼을 것이다. 도검 손잡이를 감싸듯이 쇠장갑을 단추로 고정했을 수 있다. 기사가 말을 탈 때는 박차(spur, 스퍼)를 버클로 고정했다.

## Helmets
## 투구

투구는 마지막에 장착했다. 1400년에는 기사 대부분이 배서닛 투구(basinet), 즉 안면부가 노출된 원추형 투구로, 목 쇠사슬 드리움(aventail, 애번테일)이라고 불리는 탈부착 가능한 쇄자갑제 목 보호구가 달린 투구를 썼다. 목 쇠사슬 드리움(애번테일) 상연부를 길쭉한 구멍이 뚫린 가죽띠에 꿰매 붙였으며, 길쭉한 구멍을 투구 하연부

더럼주 위튼르웨어의 교회에 있는 1450년경의 서유럽식 샐릿 투구.
(Board of Trustees of the Royal Armouries가 호의를 베풀어준 덕분에 게재.
AL.44 1. 위튼르웨어의 세인트 필립과 세인트 제임스 교회가 왕실 무기고[Royal Armouries]에 대여해준 것)

에 있는 고정쇠(스테이플)[주22]에 씌워 장착하고 끈으로 고정했다.

가동식 얼굴 가리개(visor, 바이저)는 보통 양 측면에 있는 핀을 잡아 빼내 분리할 수 있었으며, 약 1420년이 되면 목 덮개(gorget, 고짓)라고 불리는 판금제 목 보호구가 장착된 그레이트 배서닛 투구(great basinet)가 점점 늘어나게 된다. 전면의 판금은 때때로 장착하기 쉽도록 징을 박아 회전할 수 있게 했으며, 턱 보호대(bevor, 비버)는 회전용 징을 사용해 안쪽에 달거나 또는 고정되어 있었다. 당시에는

---

주22) staple. 돌기 형태로, 구멍에 판금 등을 끼우고 구멍에 핀 등을 꽂아 고정한다.

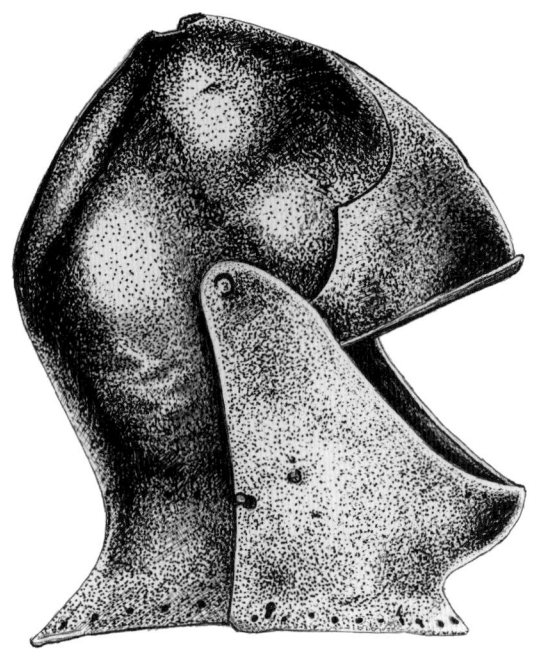

1485년경의 클로즈드 헬멧형 샐릿. 켄트(Kent)의 플럭클리(Pluckley) 교회에서 발견된 것으로, 현재는 왕실 무기고에 전시되어 있다. 무척이나 특이한 이 투구 형태는 이것 외에는 영국에서 발견된 것 두 개와 『비첨 패전트(Beauchamp Pageant)』가 있다. 모두 잉글랜드와 관련되어 있다. 잉글랜드, 이탈리아, 혹은 플랑드르에서 잉글랜드 시장을 위해 제조한 것으로, 상하에 회전되는 비버(턱 보호대)가 달렸다. 원래는 징으로 고정해놓은 보조 비버가 결손된 바이저(얼굴 가리개) 하단을 보호하고 있었다. 정수리에는 장례용 투구 장식을 달기 위한 구멍이 뚫려 있다.

둥그스름한 형태의 얼굴 가리개가 일반적이었다. 그레이트 배서닛 투구 전체는 흉갑판과 배갑판에 가죽띠로 고정했다.

　1400년대가 되면 샐릿 투구(sallet)와 때에 따라서는 아멧 투구(armet)가 배서닛 투구를 대신하게 된다. 아멧 투구는 머리에 편하게 쓸 수 있도록 측면이 열리고, 뺨받이(cheek-pieces, 치크피스)는 턱

부분에서 핀을 비틀어 고정했다. 보조 턱 보호대(wrapper, 래퍼)를 착용함으로써 보호력을 더 높였을 것이다. 보조 턱 보호대는 전면에 있는 뱃머리처럼 생긴 형태의 판금으로, 아래에 목 덮개 판금이 달렸고, 투구 하부에 딱 맞추어 뒤쪽에서 가죽과 버클로 고정했다.

  더 널리 보급된 것은 샐릿 투구로, 간혹 목 덮개(고짓) 판금이 턱 보호대와 함께 달려 있기도 했다. 목에 두른 가죽띠로 고정했으며, 목 덮개 판금에 있는 구멍에 끈을 꿰어 흉갑판에 동여맸다. 고급스럽게 제조된 것은 끈 대신 안쪽에 달린 고정쇠(스테이플)로 고정하기도 했다. 샐릿 투구는 그 후 가죽으로 된 턱 띠로 머리에 고정했다. 투구 대부분은 가죽이나 캔버스 천으로 된 띠 형태의 내장이 안쪽에 징으로 고정되어 있고, 또 건초나 마모, 양모, 찌꺼기 섬유 등을 넣어 만든 패딩이 덧대져 있다. 내장의 정수리 부분은 물결 모양으로 잘려 있어서 잡아당기는 끈으로 오므려 조절할 수 있었다. 그 외에 안쪽 면에 덧대는 천을 아교로 붙여 놓은 경우도 있고, 갑옷 이외의 부품을 보강해 놓은 경우도 종종 있다. 때에 따라서는 충전재를 넣은 투구 장착용 모자(arming cap, 아밍 캡)을 쓰고 턱 밑에서 끈으로 묶기도 했다.

## Shields
## 방패

  아마도 기병을 제외한 다른 병종은 방패를 거의 사용하지 않아,

대부분은 무술 대회용으로 밀려났을 것이다. 방패는 일반적으로 나무 표면에 가죽을 씌워 만들었으며, 간혹 안쪽에 양피지나 천을 덧대기도 했다.

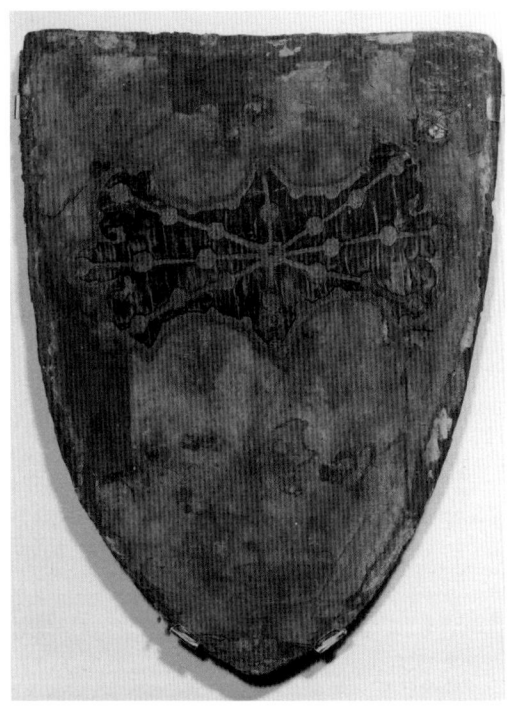

헨리 5세의 무덤 위에 걸려 있는 참나무 방패의 안쪽. 거친 세 겹의 마 위에 털 펠트로 된 패딩이 덧대어져 있고, 그 위에 다시 두 겹의 마를 겹치고, 마지막으로 푸른색 바탕에 담쟁이 잎과 노란색 플뢰르 드 리스(fleur-de-lis, 백합꽃 문양)가 흩뿌려진 실크 브로케이드를 덧씌워 놓았다. 팔 받침은 진홍색 벨벳으로 되어 있으며, 나바르(Navarre) 문장(헨리의 왕비와 연관이 있음)이 비단으로 수놓아져 있다. 앞면은 네 겹의 마와 석고 잔해로 덮여 있으며, 원래는 채색이 되어 있었던 것으로 보인다. (Copyright: Dean and Chapter of Westminster)

## Wearing armour
## 갑주의 장착

모든 장비는 필요하면 잽싸게 입을 수 있었다. 일단 속옷만 입으면 수행원 두 명이 기사의 머리부터 발끝까지(cap-à-pie, 캐퍼피) 마음만 먹으면 약 5~10분 만에 입혔고, 벗기는 것은 더 단시간에 해냈다. 전쟁용 갑주 한 벌의 무게는 겨우 약 45~55파운드(25~35kg)밖에 나가지 않았으며, 그 무게는 몸 전체에 부담되었다. 이는 오늘날 보병이 등에 짊어지는 짐보다 가벼운 무게다. 건장한 자는 뛰기도 하고, 눕기도 했으며, 말도 쉽게 탈 수 있었다. 말을 타기 위해 기중기(크레인)와 같은 기계의 도움을 받을 필요는 없었다. 후대에 이르러 집요하게 따라다니는 이 오해는 묘사를 잘못해 놓은 영화의 영향이 크다.

온몸을 갑주로 감싸도 움직이는 일은 충분히 쉬운 일이었다. 개중에는 옆으로 재주넘기를 하거나 안장 위로 뛰어오르는 자도 있었다(그리고 현재도 하는 자가 있다).

가장 큰 문제는 통기성이 좋지 못하다는 점이었다. 온몸이 갑주로 덮여 있어 몸에서 발생하는 열이 좀처럼 밖으로 배출되지 못해, 갑옷을 입은 자는 금세 열기에 휩싸였다. 열기 대부분이 머리로 빠져나가기 때문에 특히나 투구를 쓰고 있을 때는 더 심했다. 그래서 전투의 혼란 속에서 질식사하는 자도 간혹 있었다.

아쟁쿠르 전투에서(10월이었음에도) 찰과상 하나 입지 않고 싸우는 병사 무리 속에서 질질 끌려 나온 헨리 5세의 남동생, 요크 공작[주23)]

---
주23) Duke of York. 2대 요크 공작 에드워드. 초대 요크 공작의 장남. 초대 요크 공작은 헨리 5세의 조부의 남동생.

크리스틴 드 피장의 시집에 실린 프랑스 삽화(1410년경). 기사는 남의 도움을 받거나 크레인을 사용하지 않고는 말에 올라탈 수 없었을 것이라는 전설을 반박하고 있다. 전신 갑주로 완전히 무장하고 그 속에는 사슬 갑옷을 입었을 것으로 추정되는 기사가 안장에 오르려는 순간을 보여준다.
(British Library의 허가를 받고 게재. MS Harley 4431, f.135)

처럼 말이다. 여름 햇살을 받으면 금속은 만지기도 어려울 정도로 뜨거워지고, 겨울에는 만지면 차갑고 내부는 뜨거운 상황이 된다.

갑주 재료로 사용된 금속은 철부터 광재(鑛滓)가 포함된 순도 낮은 연강철까지 광범위했다. 광재는 당시 기술 공정으로는 제거할 수 없었다.

하지만 그러한 연강철로 만들어진 갑주라도 도검 공격을 받으면 칼끝이 미끄러졌고, 칼끝이 미끄러지도록 고안하기도 했다. 목 아래에는 목 왼쪽이나 오른쪽으로 칼끝이 유도되어 빗나가도록 V자형 돌출 테두리(stop-rib, 스톱립)를 단접했다. 또 돌출 테두리를 견갑(폴드런)과 같은 다른 부위에 추가하기도 했다.

부유한 자는 북이탈리아나 남독일(아우크스부르크, 뉘른베르크, 란츠후트)의 실력 좋은 갑주 직공에게 갑옷을 구입했을 수도 있다. 재산 수준이 평균적인 기사는 무역선이 돌아올 때 가지고 오는 평범한 밀라노제 갑주[주24]를 샀을 것이다. 존 크레시는 이러한 갑옷을 1441년에 8파운드 6실링 8펜스를 주고 샀다. 한편, 종기사(에스콰이어)용 갑주는 5파운드~6파운드 16실링 8펜스였다. 유언서와 재산 목록을 통해 롬바르디아(이탈리아 북부에 있는 지방)제 갑주가 보급되어 있었음을 알 수 있다. 그림에 나오는 갑주를 보면 많은 잉글랜드 갑주가 잉글랜드, 프랑스, 저지대(오늘날의 벨기에, 네덜란드, 룩셈부르크)에서 착용되던 형식이다. 이 중에서 몇 개는 이탈리아 수출품으로, 갑주 직공이 판매를 위해 해당 지역용 형식으로 만든 것일 수도 있다. 하지

---

주24) 당시에는 밀라노와 남독일이 갑주 제작의 중심지였다. 밀라노에서 만들어진 것은 밀라노식, 독일에서 만들어진 것은 고딕식이라고 부른다.

1460년경 코번트리(Coventry)의 샐릿 투구. 조금 남아 있는 잉글랜드제 무구 중 하나이다. 정수리가 높은 형태는 이탈리아나 특히나 독일에서 관찰되는 것과는 다르다. (Herbert Art Gallery and Museum, Coventry)

만 추측건대 대부분은 갑주 부품을 판매하는 무역 갑주 직공에게 구입했을 것이다. 그들은 그것을 개개 손님에게 딱 맞게 조정하는 기술을 보유하고 있었다. 몸에 딱 맞지 않는 갑주는 착용감이 무척 좋지 못했는데, 특히 복사뼈를 덮는 부분이 그랬다. 1473년에 칼레 주둔군이었던 존 패스턴은 무구를 구하기 위해 브뤼헤의 갑주 직공과 교섭했으며, 1475년 1월에는 말과 갑옷을 구하기 위해 플랑드르에 가겠다고 했다.

## Weapons
## 무기

 기사의 메인 무기는 도검으로, 쾰른, 밀라노, 사부아에서 수입된 것이 보급되어 있었다. 15세기 초의 몇몇 도검은 날카로운 칼끝을 향해 폭을 좁게 만들었고, 강성을 높이기 위해 단면이 마름모꼴이던 검신을 평평하게 만들었다. 다른 것은 검신의 폭이 더 넓고, 칼끝 부근이 훨씬 날카롭고 끝이 가늘지만, 충분히 벨 수 있는 예리한 칼날을 가지고 있었다. 15세기의 2사분기가 되면 형태는 단면이 평평해졌지만, 중앙에 길게 뻗어 있는 이랑은 확실하게 솟아올랐다. 검신의 폭이 넓은 무기 중 몇몇은 십자 날밑 근처에 두 개의 짧은 홈(fuller, 풀러)이 있는데, 그것들은 이탈리아에서 가져온 수입품일 것이다. 몇몇 도검은 5파운드(2.2kg) 혹은 그 이상으로 무겁고, 몇몇은 50인치(1.2m)를 넘을 정도로 긴데, 판금 갑옷을 입은 기사와 전투할 때 사용하는 찌르기용 무기로 만들어졌을 것으로 추정된다. 길고 폭이 좁은 검신은 균형을 맞추기 위해 긴 손잡이와 「향수병」처럼 길게 뻗은 칼자루 끝(pommel, 포멜)을 가지고 있는 경향이 있었다.

 보다 큰 한손반검(hand-and-a-half sword, 핸드 앤드 어 하프 소드)은 바스터드 소드(bastard sword) 또는 「전쟁의 검」(swords of war, 소드 오브 워)라고 한다. 많은 도검에는 십자 날밑 위에 검신에 드리워지는 금속제 드리움이 달려 있으며, 물이 칼집에 침투하지 않도록 칼집을 덮게 되어 있다.

 검신의 손 앞부분은 때때로 날을 무디게 했는데, 이는 병사들이 손가락을 거기에 곧잘 댔기 때문이다. 이 부분은 「리카소」(ricasso)라

고 부른다. 몇몇 대륙 도검에는 검지를 보호하기 위해 손잡이에 초승달처럼 생긴 고리가 추가되었으며, 머지않아 십자형 날밑의 뒷부분에도 초승달처럼 생긴 고리가 추가된다. 도검은 경우에 따라 다르지만 날밑 측면에 고리를 달기도 했다. 이러한 날밑 형태는 15세기 내내 만들어졌으며, 몇몇은 손가락 보호구(knuckle guard, 너클 가드)에 편입되었다. 하지만 그런 종류의 형태는 1500년대 이전에는 잉글랜드에서는 희귀한 것이었다.

칼집(스캐버드, scabbard)은 나무로 만들었으며 가죽을 씌웠다. 간혹 염색했으며, 때때로 금속 장신구로 칼집을 따라 장식하기도 했다. 꼭지쇠(locket, 로켓)와 칼집 끝 장식(chape, 체이프)은 금으로 도금하거나 장식용 구멍을 뚫거나 값비싼 보석을 끼워 넣기도 했다. 칼집의 상단 부근

1869년에 웨스트민스터 사원의 트리포리움(교회 아치와 높은 창의 중간 부분)에서 발견된 15세기 초의 아밍 소드. 헨리 5세의 무덤에 있었던 것으로 추정된다. 실제로 베거나 찌르는 용도로 사용되기도 했을 것이다.
(Copyright: Desan and Chapter of Westminster)

은 때때로 작은 식사용 나이프나 칼을 갈기 위한 강철, 또는 대침(bodkin, 바드킨)을 넣을 수 있게 만들어졌다. 보석으로 장식하고 종종 금속 장식판으로 만들기도 한 검대는 15세기 중반이 되면 허리에 차게 된다(때로는 갑옷에 고정했다). 하지만 1415년까지는 벨트를 허리에 비스듬하게 차는 것이 일반적이었다. 15세기 중반 무렵이 되면 이러한 벨트는 끝부분이 두 갈래로 갈라지고, 칼집의 꼭지쇠에서 12인치(30cm)가량 내려간 곳을 벨트 저단부에 달고, 착용자의 다리에 닿지 않게 뒤로 제쳐 손잡이를 잡기 편한 각도에 위치하게 했다. 때에 따라서는 금속 또는 가죽 고리를 벨트 대신에 칼집을 지탱하도록 하복부 보호대(폴드)에 징으로 고정하기도 했다. 단검도 마찬가지 방식으로 오른쪽에 장착했을 것이다.

  단검의 검신 단면은 보통 삼각형이었다. 론델 대거(rondel dagger)는 금속, 때로는 목제 원반이 손잡이 양 끝에 달려 있었다. 다른 지역에는 원반 한 장과 원추형 칼자루 끝(포멜)이 달린 것도 있었다. 발록 나이프(ballock knife)에는 나무나 뼈, 상아로 만들어진 손잡이 토대에 두 개의 혹(나무나 뼈, 놋쇠로 만들어짐)이 달려 있었다.

  마상창의 재료로는 종종 물푸레나무가 사용되었으며, 손잡이 부분의 앞뒤가 부풀어 있고, 앞에는 손을 보호하기 위한 원형으로 된 강철 대형 날밑(vamplate, 뱀플레이트)을 징으로 달아놓았다. 뒤쪽은 흉갑판에 있는 창 받침(lance-rest, 랜스레스트)에 고정되도록 원형 설치물(그레이퍼[graper]라고 부름)을 징으로 달아놓았다. 창 받침(랜스레스트)은 창으로 찔렀을 때 창이 뒤로 빠져나가지 않도록 하기 위해 사용했다.

전투용 망치(war-hammer, 워해머)는 간혹 꼬리에 가시가 달린 것도 있었지만, 최종적으로 가시는 머리에 달리게 되었다.

전투용 곤봉(mace, 메이스)의 강철 머리 부분에는 돌기가 달렸으며, 손잡이는 일반적으로 철이나 강철로 만들어졌다. 또 메이스는 가죽끈으로 안장에 매달 수 있었다.

15세기 초 무렵에는 긴 손잡이가 달린 도끼가 경우에 따라 사용되었

서머싯 페더턴(Petherton)에 있는 자일스 도베니(Giles Daubeney, 1446년 사망)의 기념패. 긴 폴드(하복부 보호대)가 달린 전신 갑주를 착용하고 있다. 그레이트 배서닛 투구, 사각형 베세주(겨드랑이 방호판), 조개껍데기 모양의 날개판이 달린 쿠터(팔꿈치 보호대)가 보인다. 허리에 비스듬하게 찬 도검 및 단검용 벨트에 주목하길 바란다. 폴드에 징으로 고정한 듯하다. 마상창 시합용 헬름(베개 삼아 베고 있음)의 투구 장식은 장미 화환에서 튀어나온 구골나무 수풀.

다. 긴 손잡이 도끼(pollaxe[폴랙스], poll[폴]은 머리라는 뜻) 또는 레이븐스빌(ravensbill)은 도끼 머리나 망치, 곡괭이를 조합한 것으로, 손잡이의 상단과 하단에는 가시(스파이크)를 달았다. 손잡이에 달린 원반(rondel, 론델)이 손을 보호하고, 강철이나 동 합금(latten, 래튼)으로 된 긴 띠(연장판, langet[랑겟])를 손잡이가 잘려 나가지 않도록 머리 부분 바로 아래의 손잡이 부분에 징으로 고정해 놓았다. 핼버드(halberd)는 등 쪽에 갈고리 손톱이 달린 긴 도끼 머리를 지녔으며, 연장판(랑겟)과 선단에 가시가 있었다. 그렇게까지 일반적이지는 않지만, 알슈피스(ahlespiess)는 사면에 가시가 있고 토대부에 원판이 있었다. 빌(bill), 글레이브(glaive), 그리고 귀자름(guisarme)은 보병이 훨씬 일반적으로 사용한 무기였다.

## Horses
# 말

기사에게는 말이 필요했다. 설령 기마 상태보다 도보로 훨씬 많이 싸우더라도 말이 없으면 기사가 아니었다. 기사의 소지품 중에서 가장 값비싼 것은 군마였으며, 두 종류의 말 가운데 어느 한쪽이었을 것이다.

가장 크고 체중이 많이 나가는 말은 데스트리어(destrier)로, 이 단어는 「오른쪽」을 뜻하는 프랑스어에서 파생되었다. 아무래도 종자가 오른쪽에서 말을 끌었다는 뜻인 듯하다. 또 이 말은 기사가 오

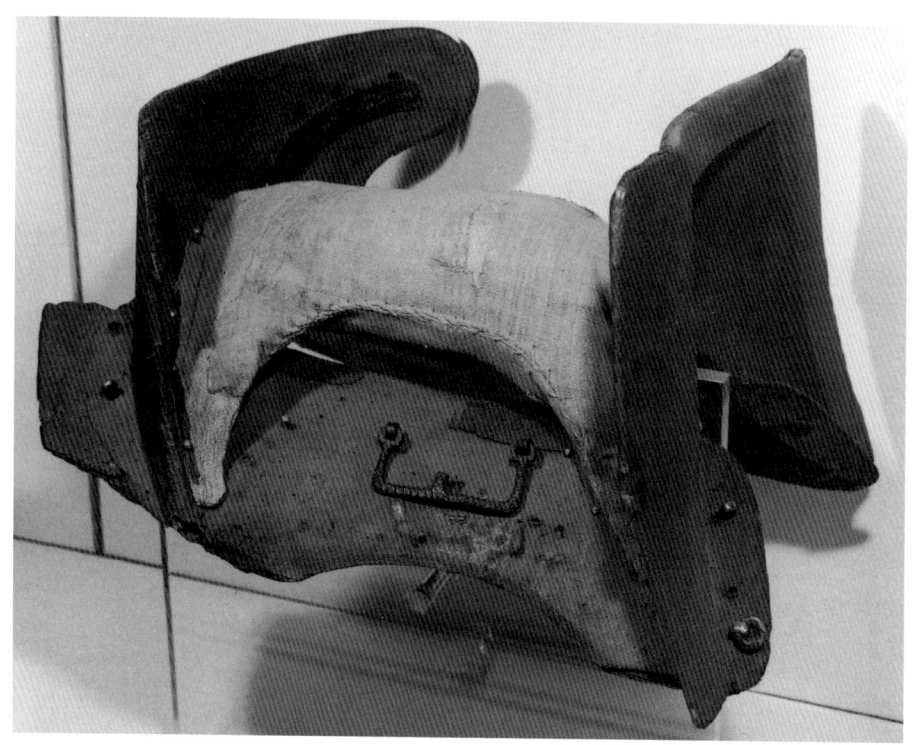

헨리 5세의 장례식에 사용된 전투용 안장. 캔버스 천으로 된 안장 좌면에는 건초가 채워져 있으며, 말의 등에서 약 5인치(12cm)가량 들려 있다. 캔버스 천이 목재 표면 전체에 풀로 붙여져 있으나, 플뢰르 드 리스를 흩뿌린 푸른 벨벳 덮개는 이미 없어진 상태다. 이중으로 된 몸통의 잔존 부분 위에 등자 가죽용 직사각형 고리가 달려 있다. 안장의 뒤 테두리에는 엉덩이 벨트 고정용 고정쇠(스테이플)가, 앞부분 양쪽에는 말 가슴 보호대용 고정쇠가 하나씩 있으며, 고리의 정확한 용도는 알 수 없다.
(Copyright: Dean and Chapter of Westminster)

른 다리로 신호를 주면 이에 따라 움직이도록 훈련을 받는데, 이것이 연상되기도 한다. 데스트리어는 대단히 귀중했다. 개중에는 무술 대회(토너먼트) 때만 사용한 말도 있다. 지구력과 폐가 커질 수 있는 두툼한 몸체, 그리고 두껍고 강인한 목을 겸비한 말을 생산하기 위해 전투용뿐 아니라 다른 말과의 교배용으로도 사용되었기 때문에 데스트리어는 가격이 더욱 비쌌다. 하지만 이 말은 몸집이 큼에도 느리지 않고, 충분히 재빠르게 회전했다. 또 우리가 흔히 상상하는 마차용 말만 한 크기도 아니었다. 현존하는 15세기 말용 갑옷은 마차용 말에게 맞지 않는다. 갑옷이 맞는 말은 중량급 헌터종 정도의 크기였음을 알 수 있다. 언제나 수말을 사용했으며, 적을 물거나 걷어차도록 훈련시켰고, 나아가 말 본래의 공격성까지 이용했다는 몇몇 증거도 있다.

전투 때는 대부분 코서(courser)를 탔다. 이 말은 고가의 군마지만, 데스트리어보다 살짝 질이 떨어졌다. 하물며 쾌적한 승차감을 제공하는 폴프리(palfrey)는 여행용 승용마로서 빼놓을 수 없는 말이었다. 기사는 승용마와 군마를 여러 마리 가지고 있었을 것이다. 이러한 말과 함께 종자가 타는 실용마, 아마도 라운시(rouncy) 또는 「론선」(ronson)이 있었을 것이다. 해크니(hackney) 또는 「핵」(hack)은 하인이나 병사가 타는 더 저렴한 승용말이었다. 기사는 짐 운반용 동물, 즉 짐말(sumpter, 섬프터)이나 노새, 혹은 보급 마차를 끌기 위한 모종의 동물도 준비했다.

1450년경 피에르 이노첸조 다 파에르노(Pier Innocenzo da Faerno)가 제작한 이탈리아 말용 갑옷. 이는 현존하는 것 중에서 최고(最古)의 거의 완전한 말용 갑옷이다. 옆구리를 보호해주는 플랭커드(flanchard)가 결손되어 있다.
(Historisches Museum der Stadt Wien)

## COLOUR PLATES
# 컬러 플레이트

A 아쟁쿠르 전투
B 기사
C 길거리 대결
D 킹메이커의 궁정
E 이탈리아식 갑주
F 잉글랜드식 갑주
G 장비
H 토너먼트용 갑주
I 웨이크필드 전투
J 패배의 결과

# The battle of Agincourt, 25 October 1415
# A. 아쟁쿠르 전투: 1415년 10월 25일

배서닛 투구
그레이트 배서닛 투구
하운스컬형 바이저
하복부 보호대
쥐퐁
샤프론

프랑스군은 양익에 배치한 장갑 기병을 앞세워 돌격했으나, 잉글랜드 장궁병의 집중 사격으로 궤멸당했다. 이에 프랑스는 하마시킨 장갑병을 제일선으로 보냈다.

이 일러스트는 그 후 발생한 양군의 도보 전투 상황을 그린 것이다. 죽은 프랑스병 군마는 머리를 보호해주는 강철 면갑(샤프론, shaffron)을 착용하고 있으며, 장궁과 같은 장거리 무기가 살에 얼마나 깊이 박히는지를 그림의 화살대 길이를 통해 알 수 있다. 바드킨이 장착된 화살이 프랑스 기사의 흉갑에 박혀 있는 것은 강철 갑옷이 화살을 모조리 막아주지는 못했음을 시사한다. 기사 중에는 갑옷 위에 쥐퐁을 아직까지 착용하고 있는 자도 있으나, 대부분은 쥐퐁을 입지 않고 매끈한 강철 표면을 그대로 노출하고 있다. 일러스트 왼편에 그려진 기사의 흉갑과 하복부 보호대(폴드)는 붉은 벨벳 덮개로 덮여 있다. 끝이 뾰족한 구형 가동식 얼굴 가리개(바이저)가 옆에 있는 기사들의 동글동글한 신형 속에서 눈에 띈다. 마찬가지로 대부분이 쇄자갑(메일)으로 된 목 드리움(애번테일)이 장착된 배서닛 투구를 아직 쓰고 있지만, 판금(플레이트) 목 보호대가 달린 그레이트 배서닛 투구를 쓴 자도 있다. 그야말로 기사다운 방패는, 기마병 중에는 아직 드는 자도 있었으나, 이제 자취를 감추었다. 검은 주로 경장 궁병을 벨 때 사용되었지만, 전신을 장갑한 기사의 경우에도 겨드랑이 밑이 노출되었을 때나 얼굴 가리대를 위로 올리고 있을 때는 검 끝을 유용하게 사용했다. 확실히 늘어난 것은 타격 무기였다. 즉 전투용 곤봉(메이스)과 전투용 망치(해머), 그리고 힘이 담긴 일격을 가하기 위해 양손으로 휘두르는 긴 손잡이 도끼(롱 액스) 등의 손잡이가 긴 무기였다.

Knight, c.1425
## B. 기사: 1425년경

 이 시기의 갑주가 어떠했는가를 알게 해주는 자료는 대부분 놋쇠판, 조각, 사본의 삽화이다. 왜냐하면 현존품이 거의 없기 때문이다. 겨드랑이 밑에 다른 방호판(베세주)은 곧잘 사용되었다. 목쇠사슬 드리움(애번테일)이 달린 배서닛 투구는 1430년경까지는 곧잘 관찰되었지만, 이 일러스트의 기사는 1420년쯤부터 15세기 중엽까지 사용된 그레이트 배서닛 투구를 쓰고 있다. 그야말로 커서, 독일 투구보다도 머리에 딱 맞지 않는다. 이 일러스트에서는 보석이 박힌 스카프 혹은 올(orle)로 장식되어 있다. 이 인물은 **아밍 소드**(arming sword)를 차고 있다.

1: 턱 보호대(비버)와 목 덮개(고짓)가 달린 그레이트 배서닛.
2: 바이저를 떼어낸 모습. 양쪽의 핀으로 고정한다.
3: 랭커스터 가문의 SS목걸이(S자 모양을 연결한 목걸이).
4: 보석이 박힌 허리 벨트. 론델 대거가 달려 있다. 칼자루 끝(포멜)이 물고기 꼬리 지느러미 형태를 하고 있는 아밍 소드가 비스듬하게 차는 허리 벨트에 달려 있다.
5: 헨리 5세 묘비 조각의 아밍 소드.
6: 건틀릿(쇠장갑).
7: 타우턴 전투(1461년) 유적에서 발견된 톱니바퀴 모양 박차(Rowel spur, 라우얼 스퍼). 적어도 25년 전부터 일반적으로 사용된 형태였다. 약 1450년경까지 일부 박차는 금속 지지대(암) 끝에 있는 고리 하나에 벨트 고정쇠를 연결해 다리에 찼다. 하지만 대부분은 금속 지지대에 두 개씩 있는 구멍을 이용해 각각의 가죽 벨트로 다리의 위와 아래에 고정했다.
8: 세 종류의 후플란드(houppelande, 정복[가운])가 그려져 있다.
허리를 벨트로 조이는 코트아르디(cotehardie, 단의[재킷])는 내의(더블릿) 위에 흔히 입었으며, 1410년까지는 가랑이까지 겨우 내려오는 기장이었으나, 그 후 무릎까지

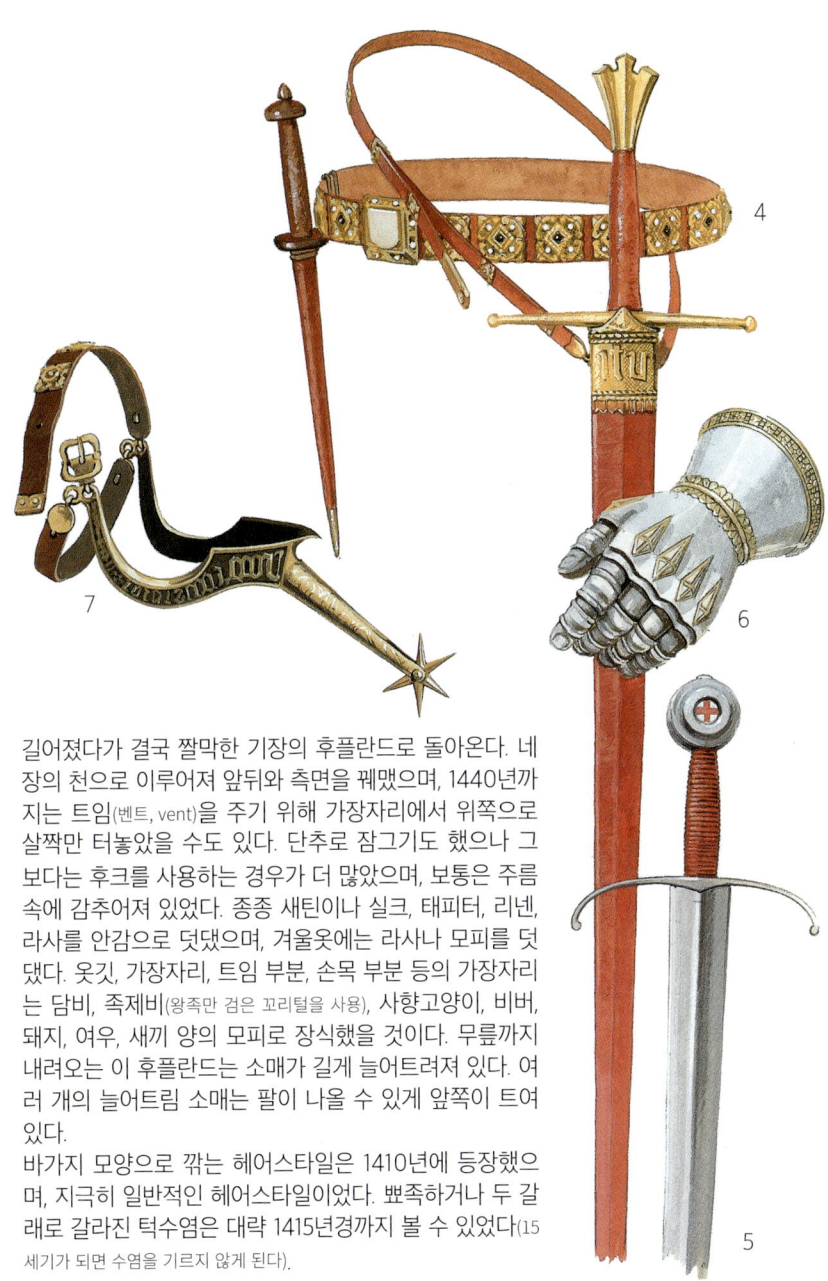

길어졌다가 결국 짤막한 기장의 후플란드로 돌아온다. 네 장의 천으로 이루어져 앞뒤와 측면을 꿰맸으며, 1440년까지는 트임(벤트, vent)을 주기 위해 가장자리에서 위쪽으로 살짝만 터놓았을 수도 있다. 단추로 잠그기도 했으나 그보다는 후크를 사용하는 경우가 더 많았으며, 보통은 주름 속에 감추어져 있었다. 종종 새틴이나 실크, 태피터, 리넨, 라사를 안감으로 덧댔으며, 겨울옷에는 라사나 모피를 덧댔다. 옷깃, 가장자리, 트임 부분, 손목 부분 등의 가장자리는 담비, 족제비(왕족만 검은 꼬리털을 사용), 사향고양이, 비버, 돼지, 여우, 새끼 양의 모피로 장식했을 것이다. 무릎까지 내려오는 이 후플란드는 소매가 길게 늘어트려져 있다. 여러 개의 늘어트림 소매는 팔이 나올 수 있게 앞쪽이 트여 있다.

바가지 모양으로 깎는 헤어스타일은 1410년에 등장했으며, 지극히 일반적인 헤어스타일이었다. 뾰족하거나 두 갈래로 갈라진 턱수염은 대략 1415년경까지 볼 수 있었다(15세기가 되면 수염을 기르지 않게 된다).

9: 기장이 짧은 후플란드. 곧게 세워진 형태의 칼라와 백파이프형(무거운 물건을 담아 늘어진 주머니 형태)의 트임 없는 넉넉한 소매가 달려 있다. 1430년대까지 일반적으로 흔히 입었다. 샤프롱(chaperon) 모자는 1420년부터 썼으며, 터번형 두건이다.

10: 입을 크게 벌리고 있는 깔대기형 소매가 달린 후플란드. 약 1420년부터 의식용으로 착용한 형태. 속에는 충전물을 채운 내의를 셔츠 위에 입었으며, 내의에는 호스와 연결할 수 있는 구멍이 뚫려 있었다. 내의는 종종 「팔톡」(paltock)이라고도 불렸으며, 여덟 장의 천으로 이루어져 있고, 중앙 봉제선은 등줄기를 따라 세로로 내려갔다가 허리에서 빙글 하고 한 바퀴 돈다. 그밖에 연결 구멍이 없는 것도 입었을 것이다. 누비는, 민간의 경우에는 봉제선을 수평으로 넣었으며 안감용으로 제한되어 있었고, 군용의 경우에는 세로로 누볐다. 천으로는 브로드클로스, 리넨, 퍼스티언, 때로는 가죽이 사용되었고, 부자 옷이나 의식용으로는 다마스크, 실크, 벨벳이 사용되었다. 내의는 1412년 이후로는 웬만해서는 그 위에 다른 옷을 걸치지 않았다. 승마를 위해 기장을 짧게 만든 외투(cloak, 클로크)나 어깨 케이프(huke, 후케)는 걸치기도 했다.

Confrontation on the road, 22 May 1448
# C. 길거리 대결: 1448년 5월 22일

험프리 스태퍼드와 그의 장남 리처드 그리고 그의 수행원들이 코번트리의 숙소로 향하는 길에, 반대쪽에서 오던 로버트 하코트와 그의 병사들을 만났다. 하코트는 험프리를 지나쳐갔으나, 리처드와 마주치자 서로 말다툼을 하기 시작했다. 하코트가 검을 뺐고, 검이 리처드의 머리를 스쳐 지나갔다. 리처드는 어떻게든 단검을 뽑아 하코트를 찌르려고 했으나 실패했고, 하코트의 병사 하나에게 등을 찔려 치명상을 입었다. 험프리는 말을 돌렸으나, 그 또한 뒤쪽에서 공격을 받아 말에서 떨어졌다. 험프리 병사들이 간신히 공격에 나서, 하코트의 동료 둘을 어떻게든 죽였다. 다음날 하코트는 리처드 스태퍼드 살해 주범으로 시(市) 검시관에 기소되어 체포되었다. 그러나 자신의 무죄를 적극적으로 주장하고 방어해 결과적으로 재판을 면한다. 그러자 험프리는 1450년 5월 1일에 200명의 병사를 모았고, 밤의 어둠을 틈타 옥스퍼드셔(Oxfordshire)에 위치한 스탠튼 하코트(Stanton Harcourt)로 쳐들어갔다. 추측건대 하코트를 법적으로도 무력으로도 지원하던 서퍽 공작이 살해당한 사실을 안 듯하다.주1) 하코트는 교회의 탑에서 농성을 벌였고, 탑 아래에 있는

---

주1) 서퍽 공작 윌리엄 드 라 폴(William de la pole, 1386~1450년)은 랭커스터 가문의 왕 헨리 6세를 섬겼으며, 마거릿 왕비의 지지를 받아 실권을 잡았다. 백 년 전쟁의 평화파인데, 프랑스 영지를 차례로 잃다가 노르망디까지 잃은 탓에 반대파의 공격을 받

방에 불이 났음에도 굴하지 않고 공격을 막아냈다. 하코트는 사면받았고, 반면 험프리는 6월에 발생한 켄트 반란(잭 케이드 반란)으로 전사했다. 그러나 험프리의 서자가 1469년에 하코트를 살해한다.

고 추방형을 당했으며, 추방되는 과정에서 바다 위에서 암살당했다. 일러스트 속 사건처럼 이 시대에는 사회적으로 높은 지위에 있는 자와 개인적으로 그룹을 형성함으로써 원조를 받아 소송을 피하거나 유리한 판결을 받는 일이 일상적으로 일어났다.

험프리 스태퍼드
로버트 하코트
리처드

COLOUR PLATES 컬러 플레이트 59

## At the Kingmaker's Court, 1465
# D. 킹메이커의 궁정: 1465년

워릭 백작 리처드 네빌이 친구들과 계략을 꾸미고 있다(일러스트 왼쪽). 한때 동맹 관계였던 에드워드 4세는 인척인 우드빌 일족[주2]과 이야기를 나누고 있다(일러스트 오른쪽의 안쪽). 궁정 사람들은 자기 계급에 맞는 복장을 입고 있다. 부와 권력을 의식한 복장이다. 일상 복장은 15세기 초반과 비교했을 때 몇 가지 점에서 달라졌다.

워릭 백작(왼쪽에서 세 번째 사람)은 길고 검은 가운(후플란드를 가운이라고 부르게 된다)을 입고 있는데, 이 가운에는 옷자락에 종종 슬릿을 넣고는 했다. 앞을 맞대고 후크로 고정하거나 포갰다. 그는 벨트에 당시 유행이었던 술이 세 개 달린 「지프시에르」(gypcière)를 달고, 1450년부터 1485년까지 유행한 펠트 소

---

주2) the Woodvilles. 요크 가문의 왕 에드워드 4세의 왕비 엘리자베스 우드빌의 친정. 에드워드 4세는 우드빌 일족을 중용했고, 그녀의 아버지 리처드 우드빌(1469년 사망)은 딸이 결혼한 후 리버스 백작이 된다.

워릭의 부하 | 워릭 백작 | 우드빌 일족 | 에드워드 4세

재로 된 튀르키예 스타일 모자(bonnet, 보넷)을 쓰고 있다.

워릭 백작의 부하는(왼쪽에서 두 번째 사람) 백작의 휘장(배지)인 들쑥날쑥한 막대(ragged staff, 래기드 스태프) 형태의 배지를 가슴에 달고 있다. 15세기 중엽에는 호스가 엉덩이까지 올라왔으며 매듭, 단추, 끈, 또는 훅으로 내의에 고정했다. 페티코트(petticoat)나 웨이스트코트(waistcoat, 몸에 꼭 맞는 소매가 달렸는가 달리지 않았는가에 따라 달라짐)를 보온성을 위해 셔츠와 내의 사이에 입었을 수도 있다.

일러스트 왼쪽 앞에 있는 두 인물(등을 돌리고 있는 자들)은 내의 위에 단의(재킷)를 입고 있다. 코트아르디에서 발전한 것으로, 때로는 소매에 슬릿을 넣었으며, 수직으로 주름(fold, 폴드)을 잡기도 했다. 오른편에 있는 인물은 소매가 길게 늘어진 옷을 입고 있으며, 양쪽 인물 모두 앞코가 뾰족한(창끝 형태) 신발을 신고 있다.

바가지 모양이던 헤어스타일은 1450년에서 1475년쯤이 되면 길어진다. 하지만 이미 1465년에는, 「시동」(page-boy, 페이지 보이) 헤어스타일은 앞머리를 가지런히 내려 자르고, 때로는 어깨까지 내려오는 기장이 일반적이 되었으며, 그 후로는 그대로 유지된 듯하다. 턱수염은 찾아보기 힘들어진다. 젊은이는 아직까지 폴리 벨스(folly bells)를 사용했으며, 짧은 승마용 후케는 자취를 감추었다.

Italian Armour, c.1450
# E. 이탈리아식 갑주: 1450년경

 오른쪽의 전신 일러스트는 글래스고의 스콧 컬렉션에 현재 보관되어 있는 밀라노식 갑주를 바탕으로 그린 것이다. 분실된 부분을 보충하고, 바벗(barbut) 투구를 아멧 투구로 바꾸어 그렸다. 흉갑은 갑주 착용자의 왼쪽에서 경첩(핀을 제거할 수 있게 되어 있다)으로 배갑에 고정하고, 오른쪽에서 띠로 묶어 고정했다. 이처럼 가장 자주 적에게 노출되는 쪽[주1]에는 끊어지기 쉬운 가죽띠를 사용하지 않았다. 하복부 보호대(폴드)는 안쪽에 있는 가죽으로 고정했고, 가죽띠는 판금을 상호로 연결함과 동시에 다른 한편으로는 각각의

---

주1) 오른손에 검을 든 적과 마주보고 있을 경우, 적은 자신의 왼편을 공격한다.

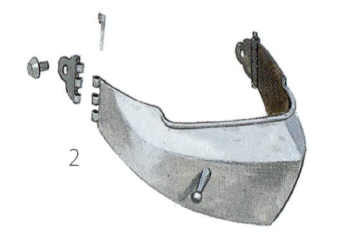

판금이 어느 정도는 움직이게 해주었다. 그 속에는 쇄자갑(메일)제 스커트가 잘 움직일 수 있도록 허리 둘레에 연결되어 성기를 보호해주었다. 도보 전투 시에는 쇄자갑제 팬츠로 교체했을 수도 있다. 흉갑에 달린 창 받침(랜스레스트)은 고정쇠(스테이플)와 핀으로 고정했다. 쇄자갑으로 만들어진 신발을 이탈리아에서는 일반적으로 많이 신었으며, 정강이 보호대(그리브) 아래쪽의 열을 지어 뚫려 있는 구멍에 장착했다.

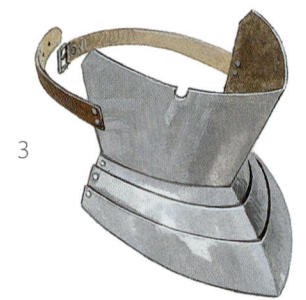

1: 아멧 투구를 분해한 것. 건초, 양모, 찌꺼기 섬유 등의 충전재를 채운 안감이 있으며, 이 안감은 투구 안쪽에 징으로 고정되어 있는 밴드에 꿰매어 부착되어 있다. 목 쇠사슬 드리움(애번테일)은 아멧 투구의 아래쪽 가장자리를 따라 줄지어 있는 돌기(고정쇠)에 딱 들어맞도록 구멍을 뚫어놓은 가죽띠를 끼워 장착했다. 그러고 나서 잠금쇠 구멍에 끈을 끼워 움직이지 않게 고정했다.

2: 얼굴 가리개(바이저)는 양쪽에 있는 핀을 빼면 떼어낼 수 있다.
3: 고정용 띠를 이용해 보조턱 보호대(래퍼)로 얼굴 가리개(바이저)와 뺨받이(치크피스)를 감쌀 수도 있다. 판금 가장자리는 금속이라 날카롭기 때문에 가장자리를 둥글게 말아 바깥쪽으로 젖혀놓았다.
4: 돌출 테두리(스톱립)가 견갑(폴드런)의 메인 판금에 징으로 고정되어 있다. 메인 판금과 그 위의 판금은 회전축이 되는 징을 관절로 해서 연결되어 있다.
5: 견갑 보강판(gardbrace, 가드 브레이스)은 튀어나온 고정쇠와 핀으로 견갑에 장착되어 있다. 왼쪽은 오른쪽보다 훨씬 크다.
6: 팔꿈치 보호대(쿠터)의 판금판(라메)은 팔을 굽혔을 때 틈새 사이가 노출되는 것을 방지하는 것으로, 회전축 역할을 하는 징으로 고정되어 있다. 전완 완갑(cannon, 캐넌)은 전완을 아주 조금 비틀 수 있도록 팔꿈치 보호대의 전완측 판금에 슬라이드 축 역할을 하는 징(가늘고 긴 구멍 안을 슬라이드 한다)으로 장착되어 있다.
7: 가드 오브 더 뱀브레이스(guard-of-the-vambrace)의 커다란 팔꿈치 보호판—커다란 크기는 이탈리아식의 특징—은 고정쇠와 핀으로 왼쪽 팔꿈치 보호대에 달린 날개 위에 장착한다.

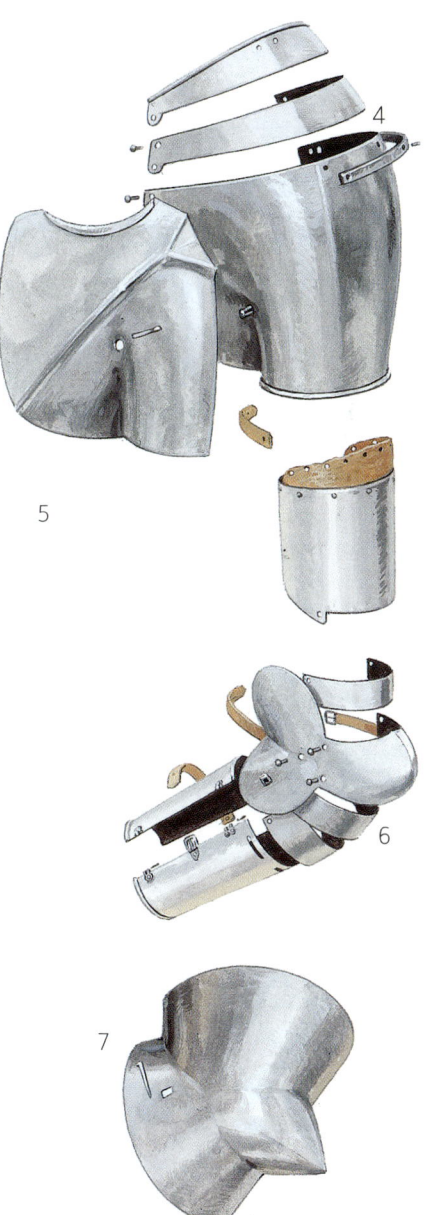

COLOUR PLATES 컬러 플레이트

8 : 건틀릿 안쪽에는 장갑이 꿰매어져 있으며, 이 장갑은 캔버스나 가죽으로 된 안감 띠에 부착되어 있다. 이 안감 띠는 커프(cuff, 쇠장갑에서 손목을 보호하는 금속부) 안쪽에 징으로 고정되어 있다. 손에는 징과 가죽 띠로 고정했다. 각 손가락 끝에는 추가적인 가죽 띠가 부착되어 있으며, 그 위에 여러 장의 스케일(scale, 판금 조각)이 징으로 연결되어 있다. 왼손 쇠장갑에는 손가락을 감싸는 한 장의 판금이 붙어 있으며, 무기를 쥐기 때문에 더 움직이기 편해야 하는 오른손은 두 장의 판금으로 나누어져 있다.

9: 넓적다리 보호대(퀴스)에는 내의에 장착하기 위해 구멍이 뚫려 있는 혀처럼 길쭉한 가죽이 달려 있다. 커다란 이탈리아 스타일 날개가 양면에 달린 무릎 보호대(폴레인)에는 다리를 구부렸을 때 다리가 노출되지 않도록 위아래에 판금 판(라메)이 달려 있다. 정강이 보호대(그리브)는 다리 뒤쪽에서 띠로 고정한다.

10: 이탈리아식 샐릿 투구. 1450년경에 제작된 것.

11: 벨벳으로 감싸고 금도금 된 구리로 장식한 이탈리아식 샐릿 투구.

## F. 잉글랜드식 갑주: 1450~1500년
English Armour, 1450~1500

잉글랜드에서 착용된 서유럽식 갑주가 출토되는 것은 매우 드문 일이라서 이를 재현하기 위해서는 그림 자료에 의존할 수밖에 없다. 이 일러스트를 살펴보면 잉글랜드제, 추측건대 런던제 또는 플랑드르에서 수입한 것이다. 보호구 중 몇 개는 잉글랜드에서 선호하는 형태로 만들어진 이탈리아 수출품일 수도 있다. 긴 손잡이 도끼(폴랙스)를 든 기사는 1475년경 피츠허버트의 묘비 조각상을 바탕으로 그린 것이다. 일러스트 E의 이탈리아식 갑주 페이지에서 서술한 상세 내용 대부분은 관절부를 포함해 서유럽형에 그대로 들어맞는다. 잉글랜드 갑주는 형태면에서 이탈리아 갑주와 매우 흡사하지만, 다른 점도 있다. 일반적으로 쇄자갑 소재로 발을 감싸기보다 회전하는 축징으로 각각의 판금 판(라메)를 겹쳐 연결하는 철 신발(사바톤)을 신었다. 발밑에 있는 띠는 발걸이(스티럽, stirrup) 역할을 했으며, 개중에는 발가락 끝부분에 장착 끈(포인트, point)를 끼워 묶은 것도 있었다. 무릎 보호대(폴레인)에 달린 날개는 이탈리아 갑주처럼 크지 않으며, 하트 모양이다. 가슴 보호대 덮개(plackart, 플래카트)는 띠보다는 주로 징으로 흉갑에 장착했다. 방호판(베세주)은

1: 사자 펜던트가 달린 요크 가문의 목걸이.
2: 글로스터의 리처드를 상징하는 멧돼지 펜던트. 요크 공작이 흰 장미 목걸이를 존 패스톨프에게 주었다. 장미에 다이아몬드가 박혀 있어 그 가치는 4,000마르크에 달했다.
3: 1460년경의 샐릿 투구. 건초를 충전재로 넣은 캔버스 천 소재의 안감이 보인다. 표면에 보이는 징으로 고정한 캔버스 천 또는 가죽 밴드에 꿰매놓은 안감은 여러 장으로 이루어져 있는데, 이를 정수리 부분에서 모은 후 끈을 잡아당겨 오므린다. 이렇게 하면 매번 동일하게 투구를 머리에 맞출 수 있고, 밖을 내다보기 위한 홈과 눈의 위치도 맞출 수 있다.

이 일러스트에는 그려져 있지 않지만 아직까지 붙이기도 했다. 팔꿈치 보호대(쿠터)에 달린 좌우 날개는 아마도 유사한 형태였을 것이다. 완개(뱀브레이스)는 종종 독일에서 유행한 것처럼 세 개의 부품으로 이루어졌다. 독일의 영향은 팔꿈치 보호대 위로 드러나 있는 장착 끈을 통해 분명하게 알 수 있다. 이 끈은 갑옷 장착용 내의(아밍 더블릿) 겉에 팔꿈치 보호대를 연결할 때 사용되었다.

건틀릿(쇠장갑)은 손목 부분에 얇은 판을 씌어 놓았으며, 몇몇 건틀릿에는 양손 손가락 부분을 덮는 여러 개의 판금 조각이 달려 있었다. 왼손에는 강화판이 가죽끈으로 묶여 있었을 수도 있다. 때때로 갑옷을 가늘고 길며 옴폭한 선으로 장식했으며, 가장자리는 다소간 날

4: 안감이 있는 턱 보호구(비버). 흉갑에 끈으로 연결하거나 고정쇠로 고정했으며, 반드시 샐릿 투구하고만 함께 사용한 것은 아니다. 하지만 아멧 투구도 바벗 투구도 그다지 일반적으로 사용되지는 않았으므로 대부분은 샐릿과 함께 사용했다고 할 수 있다.
5: 돌기가 달린 전투용 곤봉(메이스). 1470년 경에 제작된 것.
6: 향수병 모양의 칼자루 끝(포멜)이 달린 한 손반검(핸드 앤드 어 하프 소드). 1450년경에 제작된 것. 손잡이 밑에 달린 가죽 덮개(플랩,

카롭게 만들어놓았다. 1470년경부터는 허리&넓적다리 보호대(태싯)를 하복부 보호대(폴드) 끝에 달지 않고, 중간 부분에 띠로 고정했다. 약 1440년쯤에는 잉글랜드 투구가 샐릿 투구처럼 되어 독일 것보다 수직적인 형태가 되었다.

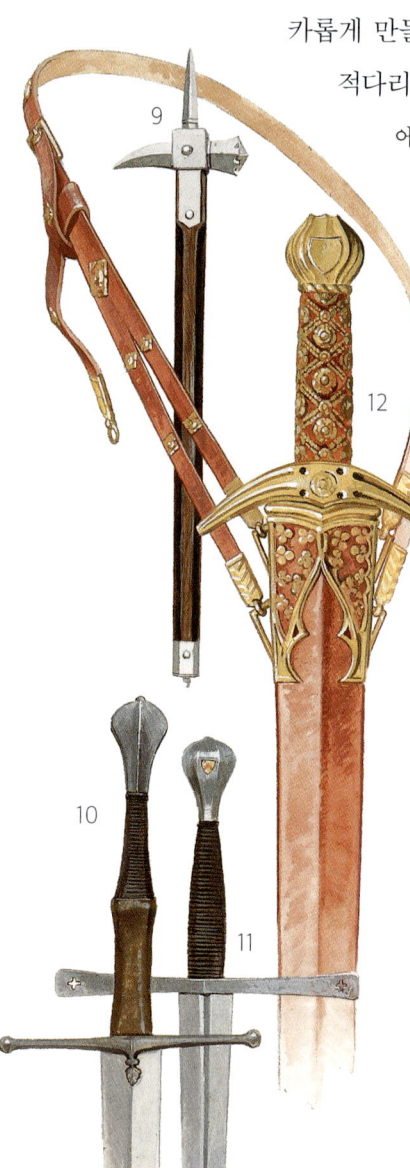

flap)는 칼집 속으로 물이 들어가지 않도록 해주는 것으로, 칼집 입구를 덮어준다. 손잡이 부분에 말아놓은 끈 위에 가죽 막을 씌워놓았다.
7: 물고기의 꼬리지느러미 형태의 칼자루 끝이 달린 아밍소드. 15세기 후반에 제작된 것.
8: 검의 자루(hilt, 힐트) 부분을 분해한 것. 슴베(tang, 탱)를 꽂는 목각 심지(core)를 보여주고 있다. 15세기 중엽에 제작된 것이다. 보통 이 나무는 가죽으로 감싸고 천이나 가죽끈, 강철 쇠줄로 묶었다.
9: 전투용 망치(워해머). 1450년경에 제작된 것.
10. 향수병 모양의 칼자루 끝이 달린 한손반검. 1450년경에 제작된 것. 쥐는 부분의 하반부는 추가로 가죽으로 감싸놓았다.
11: 에나멜 방패 장식을 끼워 넣은 향수병 모양의 칼자루 끝이 달린 칼자루. 15세기 후반에 제작된 것.
12: 짧고 넓적한 검신을 가진 아밍 소드와 칼집. 출처는 로버트 하코트(1471년 사망)의 묘비 조각상이다. 나무판으로 만들어진 칼집에는 가죽을 덧씌웠으며, 때때로 호화롭게 장식하기도 했다. 당시의 특징인 두 줄의 늘어트림 띠에 달려 있다.

## Equipment, 2nd Half of the 15th Century
## G. 장비: 15세기 후반

일러스트의 기사는 쇄자갑(메일)제 스커트와 소매 위에 브리건딘(brigandine)을 입고 있고, 이와 더불어 팔다리에 판금 보호구를 착용하고 있다. 손에 든 것은 글레이브이다.

1: 론델 대거 2종.
2: 발록 대거 또는 나이프. 손잡이 토대 부분에 두 개의 혹이 있다. 이 검은 평상복 차림일 때 주로 착용했다.
3: 단검.
4: 알슈피스.
5: 안장 뼈대가 목제로 된 전투용 안장. 안장 틀(arçon, 아르송) 중에는 앞뒤 표면에 강철을 나사로 고정해 강화한 것도 있다. 15세기가 진행됨에 따라 긴 말 장식(trapper, 트래퍼)을 사용하지 않게 된 것이 분명하다. 하지만 무술 대회(토너먼트)에서는 여전히 널리 사용되었다.

6: 15세기 후기에 사용된 등자(stirrup) 형태. 양쪽 등자는 종종 대칭을 이루지 않았고, 폭넓은 측부와 발 받침(footrest)으로 이루어졌으며, 때로는 매달린 고리 부분에 판금을 씌우기도 했다. 15세기 초반에는 작은 삼각형 모양으로 된 가죽이 발판 중앙에 붙어 있기도 했다. 15세기가 진행됨에 따라 등자는 차츰 형태가 일정해졌다.
7: 바퀴 형태의 박차는, 1500년경에 갑자기 짧아진 시기가 있었지만, 그 후로 세기가 진행됨에 따라 점점 길어졌다. 어떤 형태는 세기 전반부에는 본체가 두툼했다. 후반부에는 특징적일 정도로 막대 부분이 길어진 나머지 각이 지지 않은 형태가 사용되었다.

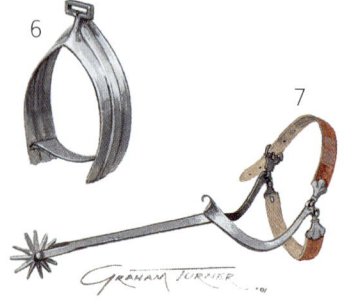

8: 브리건딘은 캔버스 천 소재의 단의(재킷)로 되어 있으며, 배접된 작은 판금(플레이트)이 표면 쪽에서 징으로 고정되어 있다. 때로는 등을 맞댄 두 장의 커다란 L자형 판금이 안쪽에서 가슴을 보호한다. 더 소형인 것은 때때로 배갑과 함께 15세기 중엽부터 널리 사용되었다. 브리건딘은 보통 가죽,

퍼스티언, 벨벳, 비단, 새틴, 금실을 사용해 직조한 고급 직물로 표면을 감쌌다. 고정용 징은 가로로 길게 박은 듯하고, 징 머리는 주석으로 도금하거나 금을 씌운 동합금(래튼)으로 되어 있었다. 때로 띠 대신에 끈을 사용했으며, 후기 것 중에는 측면에서 닫게 되어 있는 것도 있다.

9: 곧게 세워진 형태의 쇄자갑제 칼라. 칼라가 빳빳하게 서 있도록 두꺼운 링으로 만들었다.

10: 주머니처럼 부풀려놓은 듯한 마 소재로 된 속옷. 개중에는 부풀리는 대신에 절개선을 넣은 것도 있다.

11: 내의와 호스. 1450년의 것. 호스는 엉덩이까지 올라오게 되었으며, 내의에 장착 끈(포인트)으로 연결했다. 발걸이(스티럽) 타입도 착용했지만, 발끝까지 있는 호스를 일반적으로 더 많이 착용했다.

12: 내의와 호스. 15세기 후기의 것. 호스가 허리까지 올라오게 되었다. 아직까지 장착 끈으로 내의에 연결했다. 볼록 소매(mahoitres, 마오와트르)는 부르고뉴풍의 장식 요소이다.

Tournament Armour
# H. 토너먼트용 갑주

주로 끝을 무디게 만든 창을 사용해 행해진「평화의 마상창시합 (joust of peace)」용으로 특별 제작된 갑옷에 관한 기록은 에드워드 4세 재위 당시에 처음으로 등장한다. 이보다 앞선 것으로서, 시합 참가자는 개구리 입 모양 헬름(frog-mouthed helm, 프로그마우스드 헬름)과 몇몇 강화된 야전용 갑주(field armour, 필드 아머)를 기본적으로 착용했으며, 약 1430년부터는 보통 칸막이벽을 사이에 두고 싸웠다. 1446년에 써진 프랑스어 기술에 이러한 경기용 특별 제작 갑주에 관한 묘사가 나오는데, 후대 플랑드르 갑주와의 대조를 통해 15세기 후반의 갑옷을 재현할 수 있었다.

1: 개구리 입 모양 헬름. 프랑스 사본에는 헬름(helm)과 부속 부분을 고정하는 버클이 달려 있었다고 한다. 후대의 헬름에는 걸쇠(hasp, 해스프)와 고정쇠(스테이플), 또는 나사가 달려 있었을 수도 있다. 대부분의 헬름에는 구멍과 가늘고 긴 홈(슬릿)이 있어서 거기에 장착 끈(포인트)이나 가죽띠를 끼워 안감을 고정했다. 또 보통은 마상창(랜스) 끝이 걸리지 않게 오른편에 호흡용 구멍이 뚫려 있었다(상대편의 창은 왼편을 가격하기 때문). 일러스트에 나와 있는 것처럼 몇몇은 오른편에 큰 개구부가 있었으며, 개중에는 위에서 아래로 닫는 방식의 문이 달린 것도 있었다. 때때로 개구리 입 모양의 얼굴 가리개(바이저)가 달린 아멧 투구를 사용한 것은 확실한 사실이다. 15세기 후반의 헬름 중에는 16세기의 사례에서 관찰되는 것처럼 도보 전투를 위한 떼어낼 수 있는 얼굴 가리개가 달린 것도 있었다. 약 1500년의 잉글랜드 헬름 중 일부 소수는 길이가 짧고 통통한「필박스(원통)」(pill box)형이었다. 큰 매니퍼(manifer)를 왼손 건틀릿(보통의 쇠장갑) 위에 착용했다. 플랑드르 갑주 중에는 흉갑이나 브리건딘 위에 달린 고정쇠에 끈을 끼워 매니퍼를 고정하는 것도 있었다. 작은

2

장갑인 가뉴팽(gaignepain, 가죽제일 것으로 추정)은 오른손에 착용했다. 때때로 작은 사각형 뿔을 붙인 두툼한 방패는 흉갑에 달린 고정쇠나 홈통에 뚫린 구멍에 끈을 끼워 연결해 고정시켰다. 방패는 목제 또는 가죽제로 만들어졌으며, 흉갑에 달린 고정쇠에 끈을 끼워 고정했다. 방패의 뒷면에는 완충물인 프와르(poire, 배 모양을 하고 있어서 이렇게 불렸다)가 달려 있었는데, 이는 충격을 완화하는 역할을 했다. 사본은 왼쪽 어깨에 달린 작은 일체형 견갑(폴드런)과, 방호판(베세주)를 장착하고 얇은 판을 겹쳐놓은 오른 어깨의 작은 견갑을 묘사하고 있다. 오른팔의 구부러지는 부분은 폴더미튼(polder-mitten), 즉 상완 쪽으로 툭 튀어나온 판금이 달린 전완 완갑(캐넌)으로 보호했다. 잉글랜드에서는 다리에 방호구를 달고 「평화의 마상창시합」을 하기도 했다.
2: 헨리 5세를 연상시키는(이런 형태의 헬름이 헨리 5세의 묘에 전시되어 있었다) 「평화의 마상창시합」용 헬름.
3: 「평화의 마상창시합」용으로 높게 만들어진 안장. 나무에 가죽을 씌웠으며, 경기 참여자(jouster, 자우스터)를 말의 등에서 몇 인치가량 떠 있게 만들어준다. 전방에 달린 길게 튀어나온 부분은 말을 탄 기사의 다리를 보호해주는 것으로, 이것 덕분에 다리 갑옷을 착용하지 않고도 마상창시합(자우스트)를 할 수 있었다.
4: 「평화의 마상창시합」용으로 코로넬(coronel)을 창끝에 끼운 마상창(랜스). 금속제 고정 링(그레이퍼)이 소지자의 뒤쪽에 장착되어 있어서 고정 링의 가시가 특별 제작

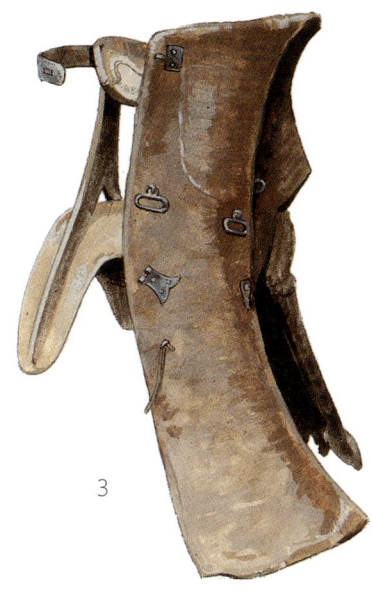

3

된 창 받침(랜스레스트)에 설치된 목제 부분에 끼워졌다. 뱀플레이트(대형 날밑)가 소지자를 보호했다.

5: 날카롭고 뾰족한 「전쟁의 마상창시합(joust of war)」용 창끝. 이런 부류의 마상창시합은 보통 야전용 갑주(필드 아머)를 입고 했으며, 흔히 아멧 투구와 보조 턱 보호대(래퍼)를 사용했다. 왼쪽 어깨와 가슴을 감싸는 「그랜드가드」(grand-guard, 왼쪽에 장착한 어깨와 가슴 강화판), 그리고 왼 팔꿈치를 보호하는 「파스가드」(pasguard, 보조 팔꿈치 보호대)는 15세기 중엽에 등장했다. 「자유로운 마상창시합(joust at large)」 또는 「임의의 마상창시합(joust at landom)」(격벽을 사용하지 않음)에서는 마상창이 부서지면 이러한 방호구를 벗고 검으로 싸웠다. 이와 같은 갑주는 마상 단체전인 투르니에 참여할 때 자주 착용했다. 일러스트 속 중심인물은 난투형 투르니용 복장을 하고 있다. 동갑(퀴래스)을 착용할 때도 있겠지만, 여기서는 브리건딘을 착용하고 그레이트 배서닛 투구를 쓰고 있다.

6: 도싯주의 윔번 대성당에서 발견된 그레이트 배서닛. 1490~1500년에 제작된 것이다. 이런 유형의 투구는 도보 전투에서도 사용되었다. 그레이트 배서닛을 이후에는 이중 고정쇠로 흉갑에 고정했으며, 두 개의 버클로 등갑에 묶는 방식의 실전용 갑주는 일반적으로 도보 전투 경기에서 사용되었다. 무기는 긴 손잡이 도끼(폴액스)가 일반적으로 사용되었으며, 그 외에도 다양한 무기가 활용되었다.

# I. 웨이크필드 전투: 1460년 12월 31일
## The Battle of Wakefield, 31 December 1460

헨리 6세의 왕비이자 새로이 군대를 조직한 앙주의 마거릿[주1]에 대항하기 위해 북쪽으로 군대를 이끌고 간 요크 공작 리처드는 크리스마스를 샌달 성에서 보냈다. 닷새 후 랭커스터파의 대군이 나타났다. 공성전을 벌이는 중에 탈주자가 발생할 우려가 있고 또 구원군이 올 것에 대비해 랭커스터군은 숲속에 군 일부를 남겨두고, 나머지 군을 미끼로 써서 요크군을 꾀어냈다. 궁병이 전투의 막을 열었고, 요크군이 성에서 충분히 멀어졌다고 판단되자마자 랭커스터군은 멈추어 서서 적군과 충돌했다. 그때 제2군이 모습을 드러냈고, 요크군의 운명은 정해졌다. 일러스트에서 이탈리아식

주1) Margaret of Anjou. 1429~1482년. 앙주 공작 르네의 딸. 프랑스 왕 샤를 7세의 왕비 마리의 조카. 헨리 6세의 왕비가 되었다. 정신 질환으로 종종 발작을 일으키던 왕을 대신해 랭커스터파의 지도자 역할을 억척같이 해냈다.

갑옷에 관복(타바드)을 입은 모습으로 묘사된 요크 공작은 전사했다. 그의 젊은 아들, 러틀랜드 백작(차남인 에드먼드)은 도망치다가 클리퍼드 경에게 붙잡혔다. 다음과 같이 말한 후 클리퍼드 경은 자기 손으로 직접 그를 죽였다(출처는 16세기 역사가 홀[Hall]의 기술)

「그대 아버지는 우리 일족을 죽였다. 그러니 나 또한 그대와 그대 일족 모두에게 똑같이 하겠다」

나이 많은 솔즈베리 백작주2)은 붙잡혀 다음날 처형되었다.

일러스트에서 기사 몇 명이 문장이 새겨진 관복(타바드)을 입고 있다. 어떤 자는 녹이 발생하는 것을 방지하기 위해 갑옷을 검게 칠했다. 오른쪽 끝에 그려진 기사는 브리건딘과 샐릿 투구의 일종을 착

---

주2) Earl of Salisbury. 리처드 네빌. 동명의 킹메이커, 즉 워릭 백작의 친부.

용하고, 투구 아랫부분이 얼굴 가리개(바이저)의 아랫부분보다 더 밑으로 내려와 있다. 약 1450년이 되면 투구와 얼굴 가리개의 아랫부분이 수평이 되고, 투구 뒤꼬리가 살짝 길어진다. 주군이 하사한 제복(리버리)을 입고 일러스트 앞쪽에 쓰러져 있는 가신은 잭(jack, 누비 단의)을 입고 있다. 충전재가 든 코트는 보통 여러 겹의 마로 되었거나 두 장 사이에 찌꺼기 섬유를 넣었으며, 누비로 지었다. 존 패스톨프 경은 1459년 재산 목록에 따르면 쇠사슬을 넣은 마 코트 한 벌, 뿔을 넣은 것 여섯 벌, 그리고 뿔과 쇠사슬을 넣은 모자 스물네 개, 쇠사슬이 달린 장갑 여섯 켤레를 소유했다.

## The Consequences of Defeat
## J. 패배의 결과

 자신이 패자 쪽에 서게 되었음을 안 기사들이 모두 정중한 대우를 받은 것은 아니다. 1471년 5월 4일에 일어난 튜크스베리 전투에서 에드워드 4세는 좌익에 동생 글로스터(리처드. 후일의 리처드 3세)를 우익에 헤이스팅스를 배치하고, 서머싯 공작 에드먼드 보퍼트의 랭커스터군과 대치했다. 웬록(Wenlock)과 데번(Devon)을 좌익에 배치한 서머싯 공작은 튜크스베리 마을 앞에 있는 산등성이에 전열을 깔았다. 대포와 활의 연속 공격이 서머싯 군대로 쏟아졌다. 전진(戰陣)의 그림자에 숨어 그는 글로스터의 측면을 공격하려고 숨겨진 길로 많은 병력을 이끌고 갔다. 그러나 계략은 실패로 끝났다. 글로스터와 에드워드 부대의 접합점으로 나오고 만 것이다. 웬록 경의 지원이 있었다면 그는 이 상황을 타개했을지도 모른다. 하지만 구원은 없었고, 에드워드는 측면을 수비하기 위해 배치해 놓은 창병 200명과 글로스터 병사들의 지원을 받아 적을 모조리 쳐부쉈다.
 산등성이를 되찾기 위해 고전하는 가운데 웬록의 완고한 태도에 격노한 서머싯은 그의 두개골을 전투용 곤봉으로 내리쳐 죽였다고 한다. 전진한 요크파는 나머지 랭커스터군을 격파했다. 헨리 6세의 아들인 웨일스 왕자는 죽임을 당했고, 병사 가운데 어떤 자들은 마을 밖으로 빠져나가고, 어떤 자들은 뿔뿔이 흩어져 수도원으로 갔다. 튜크스베리 수도원으로 서머싯 공작, 존 랭스트로더(John Langstrother), 토머스 트레섬(Thomas Tresham)과 그 외의 사람들이 몸

아밍 더블릿   거싯   리넨 셔츠
아밍 포인트

을 피했다. 이 수도원은 성역피난소로서의 면책특권을 가지고 있지 않았다고 한다. 어떤 이야기에서는 에드워드와 병사 무리가 수도원을 거칠게 뒤졌고, 찾아낸 자는 반역자로 간주하고 죽였다고 한다. 또 다른 이야기에서는 에드워드가 그들을 용서했다고 한다. 만일 후자가 사실이라면 이틀 후 글로스터와 노퍽 앞에서 진행된 서머싯과 다른 귀족들의 재판 그리고 튜크스베리 시장에서 벌어진 즉결 처형은 이들 전쟁의 무정함을 잘 보여준다고 하겠다.

　유죄 처분을 받은 자들은 종종 리넨 셔츠 차림이 되었다. 이 셔츠 중 몇몇은 목둘레가 좁고 앞부분에 트임이 있으며, 목둘레를 따라 꿰맨 평평한 끈을 묶어 칼라를 여미게 되어 있었다. 일러스트의 왼쪽에 있는 죄수는 갑옷용 내의(아밍 더블릿) 속에 셔츠를 입고 있으며, 갑옷용 내의도 그대로 입고 있다. 전신 갑옷의 약점을 커버하기 위해 팔 아래와 몸 측면에 쇄자갑제로 된 보호대(거싯)를 붙여 놓은 것을 볼 수 있다. 또 하나 보이는 것이 어깨, 상완, 팔꿈치, 엉덩이에 달린 아밍 포인트(arming point)로, 가장자리 근처에 있는 포인트는 호스를 연결하기 위한 것이다. 중세의 갑옷용 내의가 그려져 있는 유용한 그림은 딱 하나이며, 그마저도 상세한 편이 아니다.

# Organisation 편제

15세기가 되면 봉건제는 새로운 부대 동원 시스템에 의존하게 된다. 병력을 제공해 주는 것에 대한 보답으로 영주가 봉토(일정한 범위의 토지)를 하사하는 것이 기존의 방식이었다면, 이제는 그들을 위해 싸울 병사들과 청부 계약을 맺었다. 이는 「유사 봉건제(또는 서자 봉건제)」(bastard feudalism, 바스터드 퓨덜리즘)이라고 불렸다.

부대 지휘관이 국왕에게 한 무리의 병사를 제공하는 것에 동의하면 계약 사항을 한 장의 계약서의 두 곳에 적었다. 계약서에는 절취선이 있어서 두 장으로 나눌 수 있었다. 한 장은 왕실 재무소에서 보관하고, 다른 한 장은 부대 지휘관이 가졌다. 계약서는 일부러 파도 형태나 지그재그로 나누어, 합의 내용과 관련해서 어떤 분쟁이 발생하면 반쪽짜리 종이 두 장을 정확하게 맞추어 봄으로써 검증했다. 이 불규칙한 형태의 선 때문에 이 문서에는 인덴쳐(indenture)주1)라는 이름이 붙었다.

잉글랜드가 프랑스로 원정을 갔던 시대에 왕실 재무소는 약속한 금액의 절반은 보통 지불하고, 잔액은 출항할 때 점호하면서 실제 인원수와 대조해본 후 지불했다. 계약에는 부대 수와 병종(「랜스」라

---

주1) 톱니 모양 절취선 증서. 2통으로 나눈 계약서를 말하며, indent는 톱니 모양으로 만든다는 뜻이다.

고 불린 장갑병들주2), 그리고 궁병주3)) 등의 상세한 내용이 포함되었으며, 점호받는 장소와 일시, 보수, 규율, 전리품 배분(보통 3분의 1), 그리고 군무 기간이 적혀 있었다.

군무 기간은 짧게는 몇 달에서 길게는 2년에 달하는 등 다양했으나, 일반적으로는 6개월이었다. 통지 내용은 표준화되었으며, 일련의 원정에서는 그에 적합하도록 수

---

주2) 장갑병(men-at-arms). 전신을 장갑한 병사를 말한다. 본래는 기사와 종기사 등으로 이루어진 기병이었는데, 15세기에는 하마해 싸우는 경우가 많았다.

주3) 궁병(archer). 잉글랜드군의 경우에는 장궁을 든 장궁병(롱보맨)과 거의 같은 의미이다. 반면, 프랑스군은 석궁을 든 제노바 등지에서 모은 용병 중심으로, 이 경우에는 일반적으로 석궁병(크로스보)이라고 기재되어 있다.

1444년에서 1450년 사이에 제작되었을 것으로 추정되는 윌리엄 와드햄(William Wadham, 1451년 사망)의 기념비. 그레이트 배서닛 투구, 폴드런(견갑)과 보강한 쿠터(팔꿈치 보호대)를 착용하고 있다. 폴드(하복부 보호대) 제일 아래의 판금 조각은 이 시대가 되면 태싯(허리&넓적다리 보호대)의 일부가 된다.

정되었다. 때로 국왕은 귀족과 한 장의 대(大)계약서를 나누었다. 그러면 그 귀족은 어떻게 해서라도 인원을 맞추기 위해 다른 부대 지휘관들과 이차 계약을 맺었다.

모든 병사가 자신이 어떤 이름을 가진 부대 지휘관을 위해 싸우러 온 것인지 아는 것은 아니었다. 마찬가지 방식으로 부대 지휘관은 일정 기간 동안 일정한 급료를 주고 부대 병사와 계약을 맺었으며, 고용 계약은 국왕의 밀랍 도장 대신에 영주의 밀랍 도장이 찍히면 효력이 발생했다. 두 장째 사본은 병사가 리테인(retain, 소지)했기 때문에 그를 리테이너(retainer, 소지자. 호종[扈從])라고 불렀다.

1402년 3월에 존 노버리는 보니파시우스 드 프로바나(Bonifacius de Provana)와 그를 수행하는 60명의 창기병 및 60명의 석궁병 일행을 호종으로 고용한다는 내용의 계약을 체결했다. 계약서에는 군사적인 것뿐 아니라 주군에 대한 의무도 포함되어 있었다. 귀인과의 계약은 종종 종신 고용이었다.

계약병사단(company, 컴퍼니)<sup>주4)</sup>의 통제 관리는 백 년 전쟁 기간 중에는 전쟁 포고를 발령하는 것만으로 충분했다. 이는 그런 부류의 병력이 정연하게 통제되는 것을 확실시하는 훈령이었다. 명령 없이는 병사들이 부대에 참여하거나 나가는 것이 금지되었고, 이에 부대 지휘관은 자대 병력을 채우기 위해 다른 병사단(컴퍼니)에서 병사를 빼 오는 부정한 방법을 사용할 수 없었다.

헨리 5세 때의 원정군은 공세에 나설 때나 주둔하는 잉글랜드군

---

주4)　계약병사단(company). 프랑스어로는 compagnie(콤파니). 하사할 수 있는 땅에는 한계가 있기 때문에 강한 군사력을 가지기 위한 방편으로 정착되었다. 13세기가 되면 이미 금전에 의한 가신 채용이 관찰된다.

이 위험에 처했을 때를 제외하고는 2,000명을 넘는 경우가 거의 없었다. 체결된 계약에 의해 각종 병종이 적절한 비율로 모이는 경우는 없었다. 때로는 대량의 궁병이 고용되었고, 장갑병이 몇 안 되는 경우도 있었다. 아마도 궁병은 말을 타는 장갑병보다 고용하기 쉽고 급료가 싸기 때문이었을 것이다—하루당 장갑병의 급료가 12펜스였던 것에 반해 궁병의 급료는 6펜스였다. 잉글랜드 기사에게 해외 장기 근무는 직업 병사가 되는 것(장갑병이 되는 것)만큼 관심 가는 선택지가 아니었을 가능성도 고려해볼 수 있다.

15세기 잉글랜드군의 장갑병 가운데 5~10퍼센트가 기사 계급이었으며, 나머지는 향사 계급(에스콰이어)과 신사 계급(젠트리)이었다. 15세기 중엽이 되면 이러한 계급조차 없는 장갑병도 생긴다.

15세기 초반에는 전체 장갑병 가운데 궁병이 차지하는 비율이 3대1이었으며, 평균적으로 각 장갑병을 한 명의 시동 또는 종자, 그리고 세 명의 궁병이 모셨다. 궁병은 기동성을 가지기 위해 말을 탔지만, 싸울 때는 걸으면서 싸웠다. 이 구성은 본질적으로 유럽에서 말하는 「랜스」와 같지만, 이 부대 호칭과 모병 형태가 장미 전쟁 중 잉글랜드에서 관례가 되지는 않았다.

분견대는 소수의 병사에서부터 상당한 규모의 전력에 이르기까지 말이 안 된다 싶을 정도로 다양하게 편성할 수 있었다. 1415년 헨리 5세 수행원 명단 발췌(출처: 대영도서관의 슬론 원고[MS Sloane 6400])에서 이를 엿볼 수 있다.

존 일비(종기사):

초서(Geoffrey Chaucer)의 종자를 표현한 리처드 핀손(Richard Pynson)의 목판. 1491년 경에 제작된 것. 당시 일반 시민의 복장을 하고, 끝이 길고 뾰족한 승마 신발을 신고 있다.
(British Library의 허가를 받고 게재. MS G.11586-p.7)

  장갑병 1명, 도보 궁병 2명

존 그레즐리 경:

  장갑병 2명, 도보 궁병 6명

토머스 턴스톨 경:

  장갑병 6명, 기마 궁병 18명

솔즈베리 백작 토머스:

  장갑병 40명(기사 3명, 종기사 36명), 기마 궁병 80명

도싯 백작 토머스:

장갑병 100명(기기사[旗騎士] 1명, 기사 6명, 종기사 92명), 기마 궁병 300명

글로스터 공작 햄프리:

장갑병 200명(기사 6명, 종기사 193명), 기마 궁병 600명

군대 규모의 다양성은 헨리 5세가 1415년에는 장갑병 약 900명과 궁병 5,000명을 전투에 참가시킨 것에 반해, 1424년 베르뇌유 전투에는 장갑병 1,800명과 궁병 약 8,000~9,000명을 참가시킨 것을 통해서도 알 수 있다.

## Normandy
## 노르망디

15세기가 되면 전략의 전환이 일어난다. 기존에는 프랑스에 기동원정군을 파견했지만, 노르망디에서는 비용이 더 많이 드는 주둔군 방식으로 대체한다. 일 년에 한 번 왕 또는 왕의 섭정과 주둔 부대 부대장들이 계약서를 작성했고, 일 년에 네 번 점호를 위해 소집령을 내렸다. 급료는 점호 명부가 승인된 후 각 점호 때마다 4분의 1씩 지급되었다. 초반에는 정복군에서 주둔 분대를 결정했지만, 나중에는 잉글랜드에서 온 지원자 혹은 아직 프랑스에 남아 있는 부대에서 보충했으며, 어떤 자는 그곳에 정착해 살았다. 1420년에

는 노르망디 각지 수비대로서 장갑병 1,028명과 궁병 2,926명이 있었던 것으로 파악된다.

  이러한 전력 규모는 퐁 두브(Pont d'Ouve)의 장갑병 2명과 궁병 6명에서, 루앙(Rouen)의 장갑병 60명과 궁병 180명에 이르기까지 다양했다. 노르망디 밖에도 유사한 상황이 존재했지만, 그럼에도 칼레와 그 관할 구역은 헨리 5세 통치 시절에 1,120명의

만토바(Mantua)의 산크투아리오 마리아 델레 그라치에(Sanctuario Maria delle Grazie)에서 발견된 1490년경의 이탈리아제 갑주. 이 무렵에는 쿠터(팔꿈치 보호대)의 사이즈가 작아졌다. 1500년경 퀴스(넓적다리 보호대) 본체를 이루는 판금은 그 상부의 판금에 합치되도록 위를 향해 곡선을 그리게 되었다. 얼굴 가리개의 선회축은 길어진 얼굴 가리개의 암 부분 뒤에 숨겨져 있다.

병사를 보유했다.

1433년에 잉글랜드 행정부는 프랑스 내에 7,000~8,000명의 병사를 보유하고 있다고 발표했다. 기옌 지방 주둔군과 노르망디에서 온 봉건 부대[주5)]는 포함되지 않은 수치이다. 어린 헨리 6세의 섭정이었던 베드퍼드 공작 존[주6)]은 100명의 가신과 300명의 궁병을 보유하고 있었다. 노르망디군은 종종 잉글랜드인 병사 옆에서 싸웠고, 1420년에 로아르강 북쪽 영토를 양도한 후에는(트루아 조약) 헨리 5세를 섬기는 프랑스인 병사들도 있었다. 1422년에서부터 1450년 사이에는 약 45개의 성과 도시를 본격적으로 수비했다. 궁병 3명에 장갑병 1명의 비율이 일반적이었으며, 해안 지역에는 보병을 많이 두었다. 수비대는 프랑스의 위협 정도에 따라 늘리거나 줄었다.

노르망디 야전 근무에는 민첩한 기동성이 요구되었다. 보급 부대 및 공성 작업 호위 등의 임무는 며칠 혹은 몇 개월을 요하기도 해서 수백 또는 수천 명의 병사가 이에 참여했다. 모집된 자 중에는 예를 들어 베드퍼드 공작과 같은 인물이 거느리는 수행원(1430년경부터는 감소), 또는 그 지역에 사는 옛 병사, 수비대에서 선발된 자, 봉건제에 따라 봉사하는 대가로 땅을 하사받은 자 등이 있었다.

---

주5) 땅을 받고 군역을 치르러 간 종래의 봉건 기사 부대. 그들에게도 무제한으로 군역 의무가 부과되지는 않았다.

주6) 베드퍼드 공작 존(John, Duke of Bedford). 1389~1435년. 헨리 4세의 셋째 아들. 헨리 5세의 남동생. 헨리 6세의 후견인으로서 유언에 따라 프랑스 통치를 맡아 헌신적으로 임무를 수행했다(1422~1435년).

Livery and maintenance
## 제복과 지원

대영주들은 개인 수행원으로 기사와 장갑병도 고용했는데, 그 수가 때로는 사병 부대를 이룰 정도로 많았다. 이 「제복과 지원」 시스템 아래에서 호종(리테이너)은 주군이 하사한 제복(리버리)을 입었으며, 그 제복은 주군의 가문 문장을 상징하는 두 가지 색으로 염색된 겉옷이었다. 옷을 제작하는데 드는 비용은 주군이 부담했다. 이는 귀족임에도 대군을 소유하는 것을 가능하게 했고, 나아가서는 질서 안정의 항상적인 위협이 되기도 했다. 호종들의 언쟁은 때때로 많은 희생을 동반하는 전투로 급격하게 발전해 통제에서 벗어나기도 했고, 그때마다 싸움을 저지하는 중재자 역할을 하는 것이 국왕과 귀인의 책무였다. 이러한 상황에서는 강력한 왕이 필요하기 때문에 힘이 약하거나 불운한 왕은 극심한 반란에 직면하게 되었다.

귀족에게 지위와 영지에 대한 권리를 부여하는 것은 국왕의 역할이었다. 귀족들은 되도록 부여받은 권리를 자신의 후계자나 호종에게 계승해 나가야 한다. 그런데 귀족과 신사 계급(젠틀리)은 다툼에 말려들었을 때 필요하면 폭력으로 해결할 수 있는 병력과 자금을 가지고 있었다. 때때로 영지 소유권을 둘러싸고 다양한 문제가 발생했으며, 또 단순히 탐욕으로 인해 다툼이 발생하는 경우도 있었다.

「…종기사는 기사처럼 행동하지 않으면 만족하지 않는다. 기사는 남작 작위를 원하고, 남작은 백작 작위를, 백작은 왕

마상창 시합장(리스츠, lists)에서 도보 전투를 위해 장비를 착용하는 기사. 출처는 15세기 후기의 사본 『갑주 착용법』(How a man schall be armyd)이다. 쇄자갑제로 된 보호대(거싯)가 달린 내의를 입고 있다. 중세 그림 중에서 갑주를 착용하는 모습이 담긴 것은 이것뿐이다. 종자가 쇄자갑제 스커트를 입히려 하고 있다. 기사의 그레이트 배서닛 투구는 테이블 위에 올려져 있다. 폴랙스(긴 손잡이 도끼)와 알슈피스가 옆에 세워져 있다.
(Pierpont Morgan Library, M.775, f.122v)

위를 원한다」

 만일 왕이 실제로 개입해 조정하더라도 상위 사회 계층의 지배를 하위 사회 계층이 받아들이지 않으면 사적인 다툼이 계속 무력 충돌로 이어져 사회 불안이 야기된다. 이는 끊임없이 위협 요소로 작용했으며, 개인적인 복수를 위해 한 가문 전체가 적군 쪽에 붙을 수 있는 장미 전쟁 기간 중에는 더욱 큰 문제가 되었다.

호종은 때와 장소를 가리지 않고 소집되었다. 그들은 주군의 경호원 역할을 수행하고, 농촌을 순찰하고, 영지나 궁정, 무술대회(토너먼트) 또는 전쟁에 동행되었다. 그들은 종기사, 수행원, 하인으로서의 기술을 익히고, 주군이 하사하는 제복(리버리)을 입었다.

에드워드 4세 시대에 편찬된 『블랙 북(Black Book)』에서는 귀족에게 계급별로 허용되는 호종의 최대 인원과 관련하여 다음과 같은 지침을 제공한다.

왕: 600명  
공작: 240명  
후작: 200명  
백작: 140명  
부백작: 80명  
남작: 40명  
기사: 16명  

장미 전쟁은 약 35년간 지속되었으며, 일반적으로 전투 동원 기간이 짧을 때 약 5만 명이 무기를 들고 싸우는 것이 보통이었다.

그런데 이상적인 병력을 갖추는 것은 특히 순회하는 귀족[7]에게 어려운 일이었다. 이럴 때는 예를 들어 호종이 자기 가신들을 데리고 주군의 저택이나 성으로 갔을 것이다.

어떤 자는 멀리 떨어진 곳에 거주해 '특명 호종'이라고 불렀다.

---

주7) 대영주는 하나의 통합된 영지를 받는 것이 아니라 멀리 떨어진 여러 개의 영지를 소유하는 경우가 많았다. 그래서 이들 영지를 관리하기 위해 늘 순회해야 했다.

링필드 교회에 있는 레지널드 코범 경(Sir Reginald Cobham)의 묘비 조각. 1446년경에 제작된 것. 긴 폴드(하복부 보호대)에 태싯(허리&넓적다리 보호대)이 달려 있다. 건틀릿(쇠장갑)을 단추 위에 단추를 이용해 달아놓았다. 바가지 모양으로 가지런히 자른 헤어스타일에 주목하기 바란다.

    한 명 이상의 주군에게서 봉토를 받는 오랜 봉건적 관습에 따라 호종은 여러 명의 주인과 계약을 맺었을 가능성이 있으며, 이를 통해 더 많은 금전과 총애, 그리고 더 나은 보호를 받을 기회를 얻었다. 이러한 자들을 '선의의 인물(능력자)'이라고 불렀다. 여러 주군과 호종 관계를 맺는 일반적인 관습이 가져오는 문제를 피하기 위해 호종들은 전쟁터에서 다른 고용주와 마주치지 않기 위해 계약서에 신중하게 관련 조항을 넣었다.

    이와는 대조적으로 주군과 친밀한 자들은 충성 의식과 결속 의식이 살아 있었기 때문에 계약 같은 것을 맺지 않았다. 이러한 관습이 있었음으로 기록으로 남아 있는 것보다 더 많은 병사를 거느렸을 것이다. 호종(리테이너)과 주군의 결속이, 예를 들어 윌리엄 헤이스팅스 경[주8]과 에드워드 4세처럼, 국왕과 귀족들의 그것보다 강한 경우도 있었다. 신속한 행동이 필요할 때 바로 근처에 있어서 소집된 것은 집에 있는 호종 혹은 「피드맨」(feed man)이었다. 이 자들은 친위대로 삼기에도 좋고, 영지를 시찰하거나 다른 영주나 왕의 궁정을 방문할 때 호위병으로 삼기에도 좋았다. 그러면서도 전시에 영지를 수호하고 수확한 곡물을 지키기에 충분한 병사가 남아 있어야 했기 때문에 이것이 일상적인 상태가 되었다.

기사 레벨의 호종은 종종 자신도 많은 호종을 소유했으며, 꽤 많은 숫자의 병사를 주군에게 제공해야 했다. 앤서니 스케일스 경[주9]과 종기사 존 노버리가 체결한 1468년 9월 20일자 톱니 모양 절취선 증서(인덴쳐)는 91일 동안 장갑병 1명과 궁병 118명을 제공하기로 한 계약이다. 이러한 증서가, (자기 영토 수호 등) 자신을 위해 많은

---

주8) 윌리엄 헤이스팅스 경(Lord William Hastings). 1431년경~1483년. 그는 1458년부터 3대 요크 공작 리처드(1460년 전사)와 그의 아들이자 나중에 왕위에 오르는 에드워드 4세(1483년 사망)를 섬겼다. 친구이기도 했던 에드워드 4세를 향한 충성심으로 유명하다. 에드워드 4세도 정식으로 왕위에 오른 후 그를 측근으로 중용했다. 그의 막대한 군사적 공헌에 걸맞게 90명의 호종을 거느릴 권리를 부여받았으며, 이는 그의 충성심과 공헌에 상응하는 합당한 대우였다. 그러나 에드워드 4세가 사망한 후 왕비 일족인 우드빌(Woodville) 가문과 대립하자 글로스터 공작 리처드(리처드 3세)에게 접근한다. 하지만 리처드 3세는 형 에드워드 4세의 측근들을 숙청했고, 결국 그도 처형당했다.

주9) 앤서니 스케일스 경(Lord Anthony Scales). 앤서니 우드빌(1422?~1483년). 아버지인 초대 리버스 백작 리처드의 뒤를 이어 리버스 백작(1469년)이 되었다. 그의 누이는 에드워드 4세의 왕비인 엘리자베스 우드빌이다. 에드워드 4세가 사망한 직후, 글로스터 공작 리처드(리처드 3세)에게 체포되어 처형당했다.

존 패스톨프 경은 1432년 노퍽의 케이스터에 벽돌 성을 건설하기 시작했다. 성의 한쪽 끝에 있는 가장 높은 탑은 돈존(donjon, 본성)으로, 존 패스톨프 경이 사용하기 위해 최상층을 제외한 각 층에 난로를 두었으며, 또한 돌출형 총안(적군에게 돌이나 불을 던지기 위한 구멍)을 설치한 흉벽과 총안이 있다. 케이스터는 1458년에 프랑스군의 공격을 물리친 듯하며, 당시에 「많은 대포(gonnes: 원문 그대로 표기)」를 발포했다.

병사를 남겨둘 뿐 아니라, 또한 약속한 인원수를 왕에게 제공하는 것을 가능하게 했다. 가장 힘 있는 귀족은 수천 명의 병사를 소집할 수 있었다. 1484년에 노퍽 공작[주10)]은 이스트 앵글리아에 있는 영

---

주10) 노퍽 공작(Duke of Norfolk). 이 가문은 현재 잉글랜드의 최고 공작 가문이며, 문장원 세습 총재를 맡고 있다. 여기서 언급한 인물은 하워드 가문의 초대 노퍽 공작 존 하워드(1430년경~1485년)이다. 그는 에드워드 4세를 섬겼으며, 노퍽과 서퍽의

지에서만 1,000명의 호종과 소집병을 모았다.

호종이 자기 영지에서 소집하는 병사 중 대부분은 궁병이 차지했다. 빌병(billman, 빌맨) 혹은 다른 긴 손잡이 무기(staff weapon, 스태프 웨폰)를 든 병사가 보통 나머지를 차지했다. 기마 상태로 싸우든 하마해서 싸우든 장갑병은 호종의 가족이나 호종 집안을 섬기는 자 중에서 모집했으며, 그렇기 때문에 궁병보다 숫자가 적었다. 15세기 초반과 달리 궁병과 장갑병의 비율 차이가 눈에 띄게 커졌으며, 많을 때는 8대1까지 벌어지기도 했다. 에드워드 4세의 프랑스 원정에서는 기사 한 명에게 하루 2실링, 종기사에게는 1실링을 지급했다.

장미 전쟁 동안 「총소집령」, 즉 마을이나 주(州)의 영주민 병사(militia, 밀리티아)를 소집하는 제도가 부활했으며, 특히 랭커스터파가 이를 적극적으로 시행했다. 1464년 포고에 따르면 이 병력은 「질서 있고 방어적인 편제」가 이루어져야 하며, 16주의 16세부터 60세까지의 모든 남성이 통보를 받으면 하루 안에 에드워드 4세를 위해 복무할 준비를 해야 했다. 소집령 발령과 집행은 관련된 각 주의 주장관(sheriff, 셰리프)이 담당하는 것이 일반적이었다. 귀족들도 민병을 소집한 것으로 보인다. 예를 들어 1481년에 워릭 백작[주11]은 그의

---

주 장관을 거쳐, 노퍽 공작 가문인 모브레이(Mowbray) 가문의 명맥이 끊어진 후 이스트 앵글리아의 실질적인 통치자가 되었다. 이후 리처드 3세에 의해 노퍽 공작으로 임명되었으며, 그와 함께 보스워스 전투에서 전사했다.

주11) 워릭 백작(Earl of Warwick). 명문 백작 가문. 여기서 언급된 인물은 리처드 네빌(1428~1471년)이다. 그는 동명의 솔즈베리 백작(약 1400경~1460년)의 아들이다. 워릭 백작 비첨 가문의 아들이 리처드 대에서 끊기자 그는 비첨 가문의 딸인 앤 비첨(Anne Beauchamp)과 결혼해, 아버지의 솔즈베리 백작 작위와 함께 워릭 백작 작위를 손에 넣는다. 그는 때때로 요크 가문과 랭커스터 가문 중 한쪽에 가담했으며, 「킹메이커(국왕 제조자)」라고 불렸다. 마지막에는 헨리 6세 측에 붙었고, 바넷 전투에서 전사했다.

민병 소집령을 기피한 자는 사형에 처한다는 결정을 내렸으며, 소집된 병사는 선별하지 않고 모조리 엄격하게 징집했다. 1468년 소집령에 따르면 막대한 수의 민병을 1,000명 단위의 병사 집단으로 나누고, 또 그 안에서 20명과 100명 집단으로 나누었다. 그러나 충성심도 없고 내란의 쓴맛을 본 탓에 부대는 원래 소집 명령을 따르지 않고 자신이 선호하는 당파에 합류했을 것이다. 심지어 양측에서 동일한 민병 부대를 소집하는 경우도 있었다.

1448년에 작성된 존 패스톨프 경[주12]의 재산 목록에 그의 가문 문장이 수놓아진 비단 서코트가 포함되어 있다. 1461년 목록을 통해 케이스터[주13]에 있는 그의 성을 후장포 4문과 약실[주14] 8개로 잘 방어했음을 알 수 있다. 그중 2문은 7인치(15cm) 석탄을 발사할 수 있었고, 다른 2문은 5인치(12cm) 석탄을 발사할 수 있었다. 또한 약실이 3개 있는 서펜타인포[주15] 1문은 10인치(25cm) 석탄을, 다른 1문은 7인치(15cm) 석탄을, 파울러포 3문은 12인치(30cm) 석탄을 발사했다. 그는 또 교환용 약실 6개와 함께 2문의 선박용 단포신포를(그

---

주12) 존 패스톨프 경(Sir John Fastolf). 1378경~1459년. 전쟁을 통해 부와 지위를 얻은 대표적인 인물이다. 백 년 전쟁 중에는 클래런스 공작을 섬기며 전투에 참여했고, 기사 작위를 받았다. 헨리 5세 사후에는 베드퍼드 공작 휘하에서 활동하며, 아쟁쿠르, 베르뇌유 그리고 청어 전투에서 활약했다. 자녀는 없었으며, 자신의 법률 고문이던 존 패스턴(1세)에게 구두 유언으로 영지를 넘겼다.

주13) 케이스터 성(Caister castle). 존 패스톨프 경이 자신의 출생지에 세운 성이다. 1469년에 노퍽 공작에게 포위 공격을 받았다. 이 공격은 왕위 계승을 둘러싼 싸움과는 무관한, 영주들 간의 영토 쟁탈전으로, 장미 전쟁 기간에는 중앙의 권력 다툼과는 별개로 또는 그것과 혼합되어 지방에서 이러한 종류의 분쟁이 벌어졌다.

주14) 포탄과 화약을 담는 약실을 교환할 수 있도록 만든 장치. 약협(藥莢)으로 사용되었다.

주15) 서펜타인포(serpentine). 대포의 명칭 중 하나. 15세기가 되면 다양한 대포 명칭이 등장하는데, 사양에 따라 명칭이 확실하게 구분된 것은 아니다.

는 교역용으로 여러 포를 가지고 있었다) 보유했다. 예비용 소형 서펜타인 포 2문과 포 4문으로는 납제 산탄을 발사했다. 그 외에도 7개의 수포주16)와 그 부속품이 있었다. 이러한 화력 무기와 함께 느릅나무로 만든 방패 24개, 고래 뼈로 만든 방패 2개, 잘 연마한 판금주17)으로 만들어진 낡은 갑옷 8세트, 오래 사용한 몸통 보호구 10세트, 동물 뿔로 만들어진 오래 사용한 단갑 14개, 배서닛 투구 10개, 샐릿 투구 24개, 목 덮개(고짓) 6개, 납으로 만들어진 망치 16개, 빌 9개, 다양한 갑주와 무기 부품, 아연제 투구, 저가의 강철선, 강철로 만든 석궁(크로스보) 4개, 고래 뼈로 만든 석궁 2개, 주목으로 만든 것 4개, 단쇄자갑주18)과 이를 보관하는 통 1개가 있었다.

---

주16) 수포(手砲, handgun). 또는 수총. 총신을 사람이 손으로 들고 지탱하는 형태의 무기. 초기의 수총은 단순한 관 형태였으며, 점화구에 성냥이나 달군 금속 막대를 꽂아 점화했다.

주17) white armour(화이트 아머). 공을 들여 연마한 갑주. 연마하지 않은 것은 철의 흑색을 띤다.

주18) habergeon(해버전) 또는 haubergeon(호보전). 일반적으로 기장이 짧은 쇄자갑을 이르는 말이며, 이보다 긴 것은 호버크(hauberk)라고 한다.

## Campaign Life
# 원정 생활

원정 때 기사의 생활은 여러 요인에 따라 비참해지기도 쾌적해지기도 했다. 그중에서도 가장 결정적인 요인은 기사의 계급이었다. 예를 들어 공작 계급이면 여러 채의 텐트, 야전용 가구, 텐트 내부를 장식할 벽걸이 장식까지도 운반하고, 넉넉한 식량과 와인을 휴대했다. 반면, 하위 기사는 재정이 허락하는 만큼의 물건, 본인용 텐트, 시종을 위한 최소한의 물자를 가지고 다녔다.

또 원정 환경도 기사의 생활에 큰 영향을 끼쳤다. 잉글랜드군이 프랑스를 침공했을 때는 필요에 따라 주변 시골이나 점령한 마을에서 식량을 조달했다. 이때 눈치 빠른 기사와 그의 부하는 충분한 식량을 비축할 수 있었다. 또 적지로 들어가는 기마 원정(chevauché, 슈보셰)도 적군의 식량 공급을 차단하는 효과적인 수단이었으며, 동시에 해당 지역을 지키는 영주에 대한 모욕이기도 했다. 전쟁터와 마을에서 얻은 약탈품, 또 중요한 인물을 포로로 삼아 받은 몸값[주1] 등의 전리품도 손에 넣었다. 포로는 난폭한 궁병이나 빌맨에게 붙잡히는 것보다 같은 신분의 기사에게 항복하는 편이 훨씬 낫다고

---
주1) 적을 생포한 뒤 요구하는 몸값은 전쟁터에서 개인이 올리는 소중한 수입원이었다. 그래서 부유한 귀족은 특별한 경우가 아니고는 붙잡히더라도 죽임을 당하지 않았다. 몸값은 아랫사람한테서 거두거나 세금으로 충당했다. 백 년 전쟁 중에도 이러한 관습은 계속되었지만, 장미 전쟁 시기에는 생포되면 곧바로 죽임을 당하는 것이 일반적이었다.

공성전 틈틈이 체스를 두며 시간을 보내는 기사들. 15세기 초 크리스틴 드 피장의 프랑스어판 시집의 삽화이다.
(British Library의 허가를 받고 게재. MS Harley 4431, f.133r)

여겼다. 하지만 원정은 장기간에 걸쳐 몇 주 혹은 몇 달씩 이어졌고, 포위 공격은 한없이 길어지기 일쑤였으며, 특히 후자의 경우에 발생할 수 있는 질병의 만연 등으로 전리품의 혜택은 상쇄되기도 했다. 중세의 군대는 전통적으로 봄부터 가을까지 원정을 떠나는 것이 일반적이었지만, 실제로는 원정을 떠나는 기사를 둘러싼 환경이 이상적이었다고 하기 어렵다. 1461년 3월에 요크셔에서 눈보라가 휘몰아치는 가운데 벌어진 타우턴 전투[주2)]는 잘 알려진 전투지만, 그보다 앞서 12월에 벌어진 웨이크필드 전투[주3)]는 그다지 잘 알려져 있지 않다.

  부대장의 의무는 가능한 한 병사를 관리하는 것이었다. 헨리 5세는 프랑스 원정 중 약탈을 금하고, 교회에서 성체 용기를 훔친 궁병을 교수형에 처했다. 다른 한편으로 그는 병사들에게 급여를 지급하고, 만족스러운 식사를 제공하기 위해 힘썼다. 그러나 그런 헨리조차도, 1417년 캉(Caen)에서 있었던 일처럼, 도시 함락 후에 벌어지는 학살과 약탈을 반드시 막을 수 있는 것은 아니었다. 특히 처음부터 항복을 거부한 경우에는 당연하듯 행해진 관행이었기 때문에 왕이라고 해도 거의 막을 방법이 없었다.

  도시를 함락하면 부대장과 기사를 포함하는 수비대가 배치되었다. 개중에는 몇 년 혹은 계약 기간이 끝날 때까지 그곳에 머무는

---

주2)  1461년 3월 29일. 양 군 모두 수만 명이 참가한 장미 전쟁 중 최대의 유혈 전투. 이 전투로 요크 가문의 에드워드 4세는 일시적으로 왕위를 확립하는 것에 성공한다.

주3)  1460년 12월 30일. 일시적으로 아일랜드로 피신했던 제3대 요크 공작 리처드가 왕위 계승권을 주장하며 귀국한다. 요크파와 랭커스터파 간의 전면 충돌이 벌어졌고, 결국 당사자인 요크 공작은 이 전투에서 패배해 전사한다. 그러나 그의 장남인 에드워드가 전세를 뒤집고 왕위를 얻는 것에 성공한다.

기사도 있었다. 독신은 프랑스인 여성과 결혼하기도 했다. 헨리 5세 시대에는 공을 세운 것에 대한 대가로 (프랑스의) 땅을 하사받고 노르망디에 정착한 기사도 있었다. 귀족들 또한 지방의 성과 수비대를 유지하는 대가로 넓은 땅을 받았다.

원정 대부분은 행군에 할애되었다. 뜨거운 태양 아래 혹은 억수같이 쏟아지는 빗속에서 길 없는 길은 때때로 늪지대로 변하곤 했다. 기사는 공격이 계획되어 있는 경우야 그렇다 치더라도, 종종 성 앞에서 몇 주간 거의 아무것도 하지 않은 채 진을 치고 앉아 있어야 했다. 한편, 공격용 사다리(scaling ladder, 스케일링 래더)를 이용해 명예를 얻어내는 일에는 큰 위험이 동반되었다. 때때로 기사는 수행원들을 데리고 말을 달려 무술 대회(토너먼트)에 참가하기도 했는데, 이 시합에서는 기사도 정신에 따라 적과 아군을 불문하고 서로를 포로로 잡지 않았다.

전형적인 기사에게는 몇 명의 수행원이 있었으며, 그중 적어도 한 명은 주인의 시중을 드는 종자(varlet, 발릿)이었다. 손상된 갑옷은 군대와 함께 이동하는 갑옷 직공에게 수리를 맡겨야 했고, 검과 칼날은 늘 갈아 두어야 했다. 기사의 수행원은 주인을 위해 화폐로 지불할 수 있는 숙소나 텐트를 확보해야 했으며, 마땅한 곳이 없으면 자기 텐트를 설치해야 했다.

기사 신분이라는 것은 식량과 그 외의 물품을 구매할 수 있는 재력을 갖추고 있음을 뜻했다. 하지만 귀족이 자기 군대의 핵심 병력을 보충하려면 가신이나 사병 같은 호종에게 의지할 수밖에 없었고, 이들만이 신뢰할 수 있는 수행원이었다. 그중에는 자신과 마찬

1460년경 기욤 브릴랑(Guillaume Vrelant)이 그린 그리자이유(grisaille, 회색조 채색 기법). 한 갑옷 직공이 상온에서 철판을 두드리고 있고, 그 옆에서 다른 직공이 브레스트 플레이트(흉갑판)에 광을 내고 있다.
(Friedrich-Alexander-Univer-sität Erlangen-Nürnberg)

가지로 기사 신분인 자도 있었으며, 평시에도 전시에도 행동을 함께했다. 호종도 소작농들을 소집해 왔는데, 소작농이 오는 것을 거부하거나 도망치는 경우 그리고 영주가 요구하는 소집 부대를 마

련하는 것에 실패한 경우에는 원정을 효과적으로 수행할 전력을 갖출 수 없었다. 웨일스 영주를 포함해 용병들은 잉글랜드 용병과 마찬가지로 옛 적을 물리치기에 유리하다고 판단되는 편에 가담하는 경향이 있었다.

장미 전쟁 당시 잉글랜드의 원정 행동은 대체로 짧았다. 이유 중 하나는 잉글랜드가 프랑스보다 훨씬 작기 때문이기도 했지만, 이 시기에는 도시나 마을에 대한 포위 공격이 거의 전혀 이루어지지 않았기 때문이다. 전투 대부분은 격렬한 전투나 소규모 충돌에 그쳤다. 앤드류 보드먼[주4]은 A. 굿맨의 수치를 바탕으로 평균적인 원정 행동에 걸린 일수를 산출했는데, 겨우 23일에 불과했다. 그러나 군대가 짓밟은 것은 외국 땅이 아니었기 때문에 그곳에서 이루어진 약탈은 백성들 사이에 널리 불신과 불안을 심어주는 결과를 낳았다. 단 하나의 예외는 이 시기에 이루어진 스코틀랜드 원정[주5]뿐이었다.

지휘관은 만약에 재정이 악화되면 급여나 식량 공급에 차질이 생기고, 그러면 병사들이 도망친다는 것을 알았다. 그러면 최선의 방책은 부대를 징집하거나 병사들이 불만을 품기 전에 행동에 돌입하는 것이다. 1475년 프랑스 침공 전에 에드워드 4세를 위해 집필된 『귀인의 책(Boke of Noblesse)』의 저자는,

주4) 앤드루 보드먼(Andrew Boardman). 군사사 연구자. 저서로는 『The Medieval Soldier, in wars of the Roses』, 『The Battle of Towton』이 있다.

주5) 스코틀랜드 왕국이 지지하던 랭커스터 가문이 패한 후 스코틀랜드는 여러 차례 남하해 잉글랜드의 전략적 요충지를 점령했다. 그러나 대부분은 잉글랜드군의 원정으로 쉽게 탈환당했다.

초기 원정 때 부대가 저지른 불쾌한 난폭 행위는 정당하고 정기적인 급여 지급이 이루어지지 않았기 때문이라고 말한다.

이 시기의 원정 행동을 이전 세기와 다르게 만든 한 가지 요인이 있었다. 영주와 그가 소집한 부대는 무력으로 원한을 해결하기 위해 종종 경쟁자와 적대 관계에 있는 당파에 가담했다. 이로 인해 신분이 높은 자들이 과거처럼 몸값을 받아낼 목적으로 생포되기보다 전쟁터에서 죽임을 당하거나 전투 후에 처형당하는 일이 많아졌다. 이들을 이렇게 행동하게 만든 것은 각 가문이 품고 있던 복수심

서퍽의 옥스버그 홀(Oxburgh Hall)은 1480년경에 벽돌로 지어진 건물이다. 이 베딩필드 가문(Bedingfield)의 저택은 성과 방어 기능이 융합된 형태를 띤다. 문루의 작은 탑마다 설치된 큰 창문과 형식적인 돌출 총안을 보면 이 건물이 본격적인 군사 목적의 요새는 아님을 알 수 있다.

이었다. 피로 얼룩진 복수가 실행되는 과정에서 기사도적인 예법은 무시되고, 원정 중에 무참하게 죽는 확률은 이전보다 더 높아졌을 것이다.

## The necessities of war
## 전쟁에 필요한 것

　대군에게 충분한 식량을 공급하기 위해서는 많은 짐마차가 필요했다. 때로는 무리 없이 준비할 수 있는 양을 넘는 경우도 있었다. 갑옷과 투구로 몸을 감싼 부대장과 기사들, 그리고 여타 호종(리테이너)의 갑주도 짐마차로 운반했다. 갑주는 건초로 감싼 후 자물쇠가 달린 통에 넣었다. 그러나 그 외의 병사들은 말을 타든 걸어가든 자기 물품은 스스로 운반했고, 예비품과 담요, 하루치 배급 식량까지 전부 스스로 들고 다녔다. 물론 식량은 매우 중요했고, 에일(맥주의 일종)과 와인 통도 마찬가지로 필요했다. 그밖에 궁병이 사용하는 화살(arrow, 야로)은 24발이 한 세트를 이루는데, 그러한 화살 여러 묶음을 실을 공간도 짐마차에 반드시 확보해야 했다. 또 예비용 화살촉(head, 헤드)과 화살대(shaft, 샤프트)도 필요했다.

　장비를 잘 갖춘 군대의 차량 행렬에는 대포[주6]도 포함되어 있었

---

[주6]　cannon(캐넌). 포탄(ball, 볼)은 석제가 많았으나 차츰 철제로 바뀐다. 초기의 대포는 지면에 나무틀과 말뚝으로 고정하는 방식이었지만, 차츰 포가(砲架)에 올려진 형태가 등장한다. 작동 원리는 지극히 단순하다. 한쪽이 막힌 원통 안에서 화약을 급격히 연소시켜 총구 방향으로 뿜어져 나가는 가스압으로 포탄을 발사시키는 것이다.

을 것이다. 대포를 쏘려면 특별히 깎은 돌 포탄이나, 세기말에 이르러 주조된 철제 포탄, 그리고 화약[주7]을 포함해 대포를 설치하고 발사하기 위한 각종 장비 일체가 필요했다. 예를 들어 삽입용 막대[주8], 화약용 국자, 스펀지, 연마제, 점화봉 등도 운반해야 했다.

때로는 구식 공성 병기[주9], 예를 들어 투석기[주10](현장에서 제작하거나 운반해온 부품을 조립하기도 했다)나 공성 창고(shed, 셰드)를 가져가기도 했다. 이를 위해서는 또 밧줄, 윤활유, 못 등이 필요했다. 갑옷 직공과 편자공에게는 이동식 주조용 화로가 필수였다. 부유한 사람은 침구류와 천막, 주거 환경을 쾌적하게 해주는 생활용품—접이식 의자, 침대, 사이드보드, 다양한 크기의 정리함—도 짐에 포함시켰다. 그리고 부대가 먹을 식량은 물론이고, 때로는 기병 분견대, 가축, 짐을 끄는 말과 소를 위한 건초도 필요했다.

이와 같이 철저히 준비해도 대규모 부대일 때는 식량과 음료가 부족해지는 경우가 있었고, 그럴 때는 도시나 마을에서 대량의 식량을 무력으로 확보하거나 또는 구매했다. 이럴 때에 대비해 통이

---

주7) gunpowder(건파우더). 초석, 유황, 탄소를 혼합한 것. 초기에는 혼합 비율에 대한 여러 견해가 있었다. 대포가 널리 보급됨에 따라 초석 생산소가 건설되고 입자화된 화약이 등장하는 등 점차로 발전한다.

주8) rammer(래머). 삽입용 지팡이라고도 한다. 화약 포장물이나 포탄을 대포 안으로 밀어 넣을 때 사용한다. 그밖에 화약용 국자는 점화용 화약을 점화구에 부을 때 사용한다. 스펀지는 대포를 냉각시키거나 화약으로 오염된 포신 내부를 청소할 때 사용한다. 연마제도 동일하다. 점화봉(linstock, 린스톡)은 점화구에 열을 전달해 착화하는 도구로, 달군 철봉이나 불붙인 화승을 단 막대가 사용되었다.

주9) siege engine(시즈 엔진). 공성전에서 사용하는 각종 도구 및 기계류의 총칭. 작은 것에는 공성 사다리, 접근용 공성 오두막 등이 있고, 가장 대형인 것은 빌딩만큼 거대하며, 추의 낙하력을 이용해 투석하는 trebuchet(트레뷰셋)이 있다.

주10) catapult(캐터펄트). 지지대 끝에 달린 그물망에 돌탄을 담고, 지지대를 휘어놓은 후 그 복원력을 이용해 돌탄을 발사한다.

포르투갈 국왕의 환대를 받는 존 오브 곤트. 15세기 후반 부유층의 생활상을 잘 보여준다. 연주자들이 음악을 연주하는 가운데 왼편 배식구를 통해 테이블로 음식이 전달된다. 출처는 1470년대에 에드워드 4세를 위해 집필된 장 드 와브랭(Jean de Wavrin)의 『잉글랜드 연대기(Chroniques d'Angleterre)』이다.
(British Library의 허가를 받고 게재. MS Royal 14 E IV, f. 244v)

나 궤짝에 거액의 자금을 가지고 다녀야 했다.

탐색병(scourer, 스카우어러)이나 식량병(victualler, 비틀러), 혹은 선기병(harbinger, 하빈저)이 군대보다 앞서 행군로에 있는 마을들을 탐색해 식량 구매 및 매입, 필요한 경우에는 숙소를 확보하기 위해 협상을 벌였다. 하지만 말이나 소가 끄는 식량용 짐마차는 오히려 적의 표적이 되기 쉬웠다. 요크 공작이 이 사실을 뼈저리게 깨달은 것은

1460년이다. 웨이크필드에서 식량 부대가 구입한 무려 병사 5,000명의 목숨을 보존해줄 보급 식량을 실은 짐마차 행렬이 샌달 성주11) 인근에서 랭커스터군의 기습을 받은 것이다. 요크 공작은 이를 구해보려 했으나, 웨이크필드 전투에서 패해 목숨을 잃고 만다.

15세기 초에는 기사들이 성채 수비 임무를 맡았다. 그들은 요새 관리 임무를 맡은 대영주의 호종이었다. 그중에서도 특히 강력했던 가문은 북방 변경 영주주12)였던 네빌 가문주13)(서부 변경 지구 관장)과 퍼시 가문주14)(동부 변경 지구 관장)이었다. 잉글랜드 북부 변경 지역의 관리 권한을 가지고 있었던 그들은 필요시에는 강력한 군대를 조직할 수도 있었다. 분쟁 초기에는 두 가문의 대립 감정이 강했기 때문에 왕에게는 두 집안이 위협이 될 수 있는 북부 연합군을 결성하지 않은 것이 행운이었다. 국왕은 의도적으로 어느 한쪽의 편을 들었고, 이것도 한몫해 양측의 반목은 지속되었다.

성에는 20명가량의 소규모 수비대만이 주둔한 듯하다. 반면,

---

주11) 샌달 성(Sandal Castle). 요크 공작의 성. 요크셔 남부의 웨이크필드 근교에 있었다.
주12) marcher. 잉글랜드 서부의 웨일스, 북부의 스코틀랜드와의 국경 지역을 march 라고 한다. 이 지역에 영지를 하사받고 국경 수비와 국경 확장을 담당한 자를 변경 영주 또는 변경백이라고 한다. 특히 웨일스의 경우에는 잉글랜드 세력 확장을 위한 상시적인 장치로 기능했다. 스코틀랜드 변경 지대의 서부는 네빌 가문이, 동부는 퍼시 가문이 장관을 맡았다.
주13) Neville. 14세기 초에 시작된 유력 귀족 가문. 가장 유명한 인물은 장미 전쟁에서 중요한 역할을 한 킹메이커, 리처드 네빌이다.
주14) Percy. 노르만 정복 이후 이어져 온 명문 귀족 가문. 14세기 초부터 스코틀랜드와의 변경 지역에서 중요한 역할을 했다. 영지와 일족은 잉글랜드 전역에 퍼져 있었다. 가장 잘 알려진 인물은 초대 노섬벌랜드 백작 헨리의 아들이자 핫스퍼 hotspur(무모한 자)라고 불린 헨리 경이다. 또 그의 동생인 우스터 백작 토머스도 유명하다. 이 가문은 1403년과 1405년에 국왕 헨리 4세에 반란을 일으켰고, 그로 인해 쇠퇴하게 된다.

1,000명을 훌쩍 넘는 대규모 수비대가 변경 지역(마치), 하메스와 기네스의 두 요새, 그리고 잉글랜드의 양모 시장을 보호하기 위해 칼레에 주둔하고 있었다. 그러나 정치적 동요는 통화 유통에 악영향을 주었고, 이는 수비대에 위태로운 긴장감을 감돌게 했다. 1460년에는 병사들이 일제히 양모 창고에 침입해 받지 못한 보수를 강제로 탈취하는 사건이 벌어졌다.

### Into Battle
# 전투

 

15세기 기사들은 종종 도보로 싸웠다. 마상창(랜스)을 들고 말을 탄 상태로 싸우는 훈련을 받은 자들이지만, 장갑병 대부분을 하마시켜 보병으로 운용하고, 소수만 예비 병력으로서 기병으로 남겨두는 편이 종종 더 효과적이었다. 이는 화살과 같은 투사 무기의 위협이 커진 탓이기도 하다.

15세기 초 프랑스에서 잉글랜드군은 이전 세기에 배운 전략주1)을 활용했다. 갑옷을 입은 병사들을 궁병 부대 옆에 배치하고, 적이 전진해 오기를 기다린다. 적은 그동안 궁병이 쏘는 화살에 시달리게 되고, 화살을 피하려는 병사들은 자연스럽게 한 곳으로 압축되어 피로한 상태로 잉글랜드군 앞에 도달한다. 이렇게 밀집되면 잉글랜드군에게 유리하게 작용한다. 아쟁쿠르 전투에서 그랬던 것처럼

---

주1) 부대 중앙에 하마한 장갑병을 배치하고, 양익에 장궁병을 배치하는 방어적인 전투 방식. 진형은 양 날개가 약간 돌출된 형태가 된다. 작은 언덕 위에 배치하면 강력한 효과를 낼 수 있다. 본문에 나오는 것처럼 양쪽 날개 쪽으로 활이 날아들면 병사들은 활을 피하려고 압사할 정도로 한곳으로 몰려들어 자멸하듯이 괴멸하거나, 겨우 돌파하더라도 장갑병이 장궁병을 보호하며 활을 받아쳐야 한다. 이 전술은 14세기 에드워드 3세의 원정군과 스코틀랜드군의 전투 때 등장한 것으로, 더플린 무어(Duplin Moor) 전투(1332년)에서 성공을 거두자 이듬해의 할리돈 힐(Halidon Hill) 전투에서 대대적으로 채용해 더 큰 성공을 거둔다. 백 년 전쟁 때도 크레시 전투(1346년)에서 이 방법으로 프랑스 기사 군대를 확실하게 격파했다. 이 전술은 중세 시대에 사용된 전법 중에서는 드물게 병종이 서로 다른 부대를 유기적으로 결합한 전술이다.

15세기 후기에 상상해 그린 아쟁쿠르 전투 장면. 말은 샤프론(면갑)만 착용하고 있으며, 한 마리만 크리넷(목 보호구)을 착용하고 있는 점에 주목하자. 도검의 끝부분은 날카롭고 뾰족하다.
(Lambeth Palace Library, MS 6, f.233)

뒤에서 밀려들어 짜증 내며 밀치락달치락하는 프랑스군에게 궁병이 화살을 퍼부었다. 전투 초반에 궁병의 측면으로 돌려 했던 기마 장갑 병사들은 잉글랜드군의 진영 양쪽을 막고 있는 숲에 막혀 전진할 수 없었다. 그리고 (기마 상태에서) 궁병과 대치하면 어떻게 되는지를 값비싼 대가를 치르고 뼈저리게 알게 된다.

궁병이 단단하게 보호받는 안전한 곳, 이상적인 곳은 말뚝이나 울타리 뒤, 도랑 안인데, 그러한 곳에 궁병이 몸을 숨기고 있을 때

기병이 돌격하는 것은 매우 위험한 일이다. 아무리 말이 갑옷을 입었다고 해도 노출된 부위가 있기 때문에 그 부위에 화살이 깊이 박혔다. 사냥용으로 사용하는 넓적한 미늘이 달린 화살촉(broad-head, 브로드헤드)을 끼운 화살은 살을 쉽게 꿰뚫어 치명상까지는 아니더라도 심한 부상을 입혀 더 이상 말을 조종할 수 없게 한다. 그렇게 되면 기마 기사들은 말 조종에만 몰두해야 하고, 결국 말이 쓰러지면 땅에 내던져져 더 이상 쓸모가 없어졌다. 프랑스군 전열 양익의 고작 수백 명의 기병이 돌격을 감행했지만, 수천 발의 화살 세례를 받으며 겨우 몇몇 병사만이 간신히 말뚝에 도달했고, 이는 마치 밑 빠진 독에 물을 붓는 격이었다. 그러나 전쟁터에서 실제로 싸운 것은 대부분 말에서 내린 장갑병이었고, 어느 연대기 작가에 따르면 그들이야말로 아군이 빼곡히 몰려 움직일 수 없게 되기 전에 잉글랜드군을 창 하나 길이만큼 후퇴시킨 자들이었다.

「프랑스 귀족들은 처음에는 넓은 전열을 유지하며 다가왔지만, 전투가 막 시작되려는 순간 배서닛 투구의 측면과 턱보호대(비버)를 거세게 꿰뚫는 화살이 두려웠기 때문인지 혹은 군기를 향해 아군 전열을 빠르게 돌파하려 했기 때문인지, 그들은 세 방향으로 나뉘어 아군 전열에서 나부끼는 세 곳의 군기를 향해 돌격했고 창을 빽빽하게 모아 아군 병사들에게 맹렬하고도 과감한 공격을 퍼부었다. 그로 인해 아군 병사들은 창 하나 길이만큼 퇴각해야 했다.

깃털 장식이 달린 아멧 투구를 쓰고 문장이 새겨진 타바드를 갑옷 위에 걸친 리처드 비첨 경에게 패한 프랑스 왕태자(도팽)의 군대. 다른 병사들은 얼굴을 드러내고 있거나 얼굴 가리개가 달린 샐릿 투구를 쓰고 있으며, 오른쪽에는 케틀햇을 쓴 병사도 있다. 브리건딘을 입은 자도 있다. 잉글랜드 장궁병이 프랑스 석궁병과 대치 중이다.
(British Library의 허가를 받고 게재. MS Cotton Julius E IV, art.6, f.20v)

### Arrows versus armour
## 화살 VS 갑주

 궁병은 적의 갑주에 화살이 박히도록 바드킨(bodkin)이라고 불리는 바늘처럼 뾰족한 화살촉을 단 특별한 화살을 지니고 다녔다. 화살이 회전하며 날아가기 때문에 짧은 바드킨을 정통으로 맞으면 갑옷 판금에 구멍이 뚫리는 것은 실험을 통해서도 입증된 사실이다. 하지만 화살촉 뒤에 살짝 볼록한 부분이 있어서 빠져버릴 때도 있다는 것도 밝혀졌다. 하지만 더 가늘고 긴 바드킨은 적에게 상처를 입힐 수 있을 만큼 판금에 깊이 박혔다.

 살상력은 활을 쏘는 거리와 화살촉이 철인가 강철인가에 따라 달라진다. 사정거리가 짧은 경우에는 바드킨으로 갑옷을 입은 적 병사에게 치명상을 입히거나 움직임을 둔화시킬 수 있었다. 그러나 현존하는 산화되어 붉게 녹슨 바드킨 대부분은 철제인 듯하다. 실험 등을 살펴보았을 때 철제 화살촉은 판금에 닿으면 끝이 휘어졌을 것으로 추정된다. 쇄자갑에 쏜 경우에는 고리를 끊고 관통했다. 석궁은 바드킨을 사용하지 않았지만, 비슷한 수준으로 강력했다. 이 시기에는, 숫자는 얼마 되지 않았지만, 수포(핸드건)도 군대에서 사용하기 시작했다.

 판금 갑옷 덕분에 방패가 불필요해졌고 말에서 내려 싸우게 되면서 고삐를 쥐었던 손도 자유로워졌기 때문에 땅 위를 걷는 기사는 허리에 찬 도검 외에 양손으로 드는 막대형 무기도 휴대하게 되었다. 처음에는 주로 6~7피트(약 1.8~2.1미터) 길이로 줄인 마상창(랜스)을 사용했다. 판금 갑옷을 착용한 상태에서도 효과적으로 다룰 수

15세기 초에 채색된 푸아티에 전투(1356년) 장면. 이 무렵의 배서닛 헬멧에는 둥근 얼굴 가리개(바이저)가 달려 있었다. 방패는 찾아보기 힘들지만, 이 그림에서는 볼록한 형태를 하고 있다. 방패 상부의 움푹 팬 부분을 창 받침으로 사용하는 점에 주목하길 바란다.
(British Library의 허가를 받고 게재. MS Cotton Nero E II pt2, f.152v)

있는 다른 무기를 점차 사용하기 시작했다. 그중에서도 자주 사용한 것은 긴 손잡이 도끼(폴랙스)였다. 이는 갑옷 착용자에게 부상을 입히거나 판금을 찌그러뜨리거나 뭉개서 움직임을 봉쇄할 목적으로 만들어졌다.

기병은 적군이 패주하기 시작할 때 특히 크게 활약했다. 도망치는 적을 쫓아가, 특히 적 병사가 경장갑 상태일 경우에는 자신에게 위험 요소가 거의 없는 상태에서 그들을 벨 수 있었다. 실제로 흩어진 궁병이 태세를 다시 정비하지 못하게 하는 가장 좋은 방법은 그 전에 기병이 그들을 추격해 포획하는 것이었다. 백 년 전쟁 당시 프랑스군은 궁병을 대대적으로 운용하지 않았기 때문에 잉글랜드 기사는 큰 수고를 들이지 않고 이 작업을 할 수 있었다.

장미 전쟁 시기에는 요크와 랭커스터 양군에서 궁병이 활약했으며, 장갑병의 경우에는 검증 완료된 효과적인 전략을 취하는 것이 최선임을 알았기 때문에 대부분 보병으로 싸웠다.

## Organisation and identification
## 조직과 식별

군대는 여전히 이전 세기의 방식을 답습해 세 개의 군 집단 또는 「전투단」(battle, 배틀)으로 나누어 조직하는 경향이 있었다. 이는 전위(vanguard, 뱅가드) 또는 「밴」(van), 주력(main battle, 메인 배틀), 후위(rearguard, 리어가드)였다.

각 군 집단에는 다양한 영주와 왕을 섬기는 온갖 종류의 병사가 속해 있었다. 귀족은 기기사(banneret, 배너릿)든 영주든 국왕이든 간에 각자의 문장(coat-of-arms, 코트 오브 암즈)이 그려진 삼각형이나 사각형의 커다란 전투 깃발(banner, 배너)로 식별했다. 영주는 자신의 문장이 새겨진 서코트주2)를 입기도 했다.

처음에는 몸에 꼭 맞기도 하고 헐렁하기도 하고 소매가 있기도 하고 없기도 한 다양한 형태의 **쥐퐁**(jupon)을 입었는데, 나중에는 문장관(herald, 헤럴드)이 입는 것과 같은 팔꿈치까지 내려오는 넉넉한 소매가 달린 헐렁한 관복(tabard, 타바드)을 입게 되었다. 그러다가 서코트가 점차

15세기 초기의 엘즈미어 초서(Ellesmere Chaucer, 제프리 초서의 『캔터베리 이야기』 중 가장 신뢰받는 필사본)에 묘사된 기사. 세로로 누빈 쥐퐁에 백파이프 모양으로 퍼진 특이한 형태의 소매가 달려 있다. 테리 존스(머리말의 감사 인사에서 등장한다)는 이 시기의 소매가 이렇게 넓었을 것으로 본다. 목과 어깨에 달린 네 개의 가죽끈은 외부 흉갑을 고정하거나 또는 쇄자갑제 애번테일(목 쇠사슬 드리움) 끝을 묶기 위한 것으로 추정된다. 말의 엉덩이에 보이는 낙인도 주목할 만하다.
(Huntington Library)

---

주2) 기사가 갑옷 위에 입는 소매 없는 긴 겉옷. 일설에 따르면 십자군 전쟁 당시 중동의 강한 태양열을 피하기 위해 착용하게 되었다고도 한다. 처음에는 십자가 문양이 큼직하게 새겨져 있었으나, 차츰 개인 문장으로 바뀐다.

사라지고 더 이상 방패도 들지 않게 되면서 기수(banner-bearer, 배너 베어러)가 주인의 말 꽁무니를 쫓아다니듯이 늘 곁에 있는 것이 무척 중요해졌다.[주3]

집결의 표식이 되는 깃발(rallying flag, 랠링 플래그)은 길쭉하며 끝이 한 점으로 오므라들었거나 제비 꼬리처럼 갈라진 군기(standard, 스탠더드)였다. 일반적으로 군기는 수평 방향으로 위아래 두 단이 색으로 구분되어 있는데, 이 색은 영주 문장의 메인 색상 두 가지였다. 이는 또한 호종(리테이너)이 외투 위에 덧입는 제복(리버리)의 색상이기도 했다.

막대에 가장 가까운 부분에는 흰 바탕에 성 조지[주4]의 붉은 십자가를 넣었다. 나머지 부분에는 문장이나 휘장(badge, 배지)에서 따온 상징을 배치했다. 이 상징도 마찬가지로 휘장으로써 제복과 모자에 같은 문양을 수놓았다. 영주는 병사들에게 자신의 군기에서 10피트(약 3미터, 혹은 그와 흡사한 정도의 거리) 이상 떨어지지 말라고 명령했겠지만, 전열이 조금만 움직여도 전쟁터의 혼란 속에서 이를 지키는 것은 쉬운 일이 아니었으며, 실수로 아군을 공격하기도 했다.

말 위에서 싸우는 기사는 문장이 새겨진 삼각형 모양의 작은 창기(槍旗, pennon[페넌])를 마상창(랜스)에 못 박아 달기도 했다. 문장을

---

주3) 전투 중 지휘관의 위치를 파악하는 것은 지휘 체계상 매우 중요했다. 전투 중에 지휘관을 식별하는 표식이 서코트와 방패에 그려진 문장이었는데, 이것이 점차 사라짐에 따라 지휘관의 위치를 나타내는 전투 깃발이 중요해졌다.
주4) 라틴어로는 성 게오르기우스. 용을 퇴치하고 교회를 수호했다는 3~4세기의 성인. 기사들의 수호성인이자 잉글랜드에서는 「국가 수호성인」으로 여겨, 군기에 그의 상징인 붉은 십자가를 그렸다. 축구 팬이라면 잉글랜드 축구팀 깃발에서 성 조지의 붉은 십자가를 본 적이 있을 것이다. 오늘날의 잉글랜드 깃발에도 스코틀랜드와 아일랜드 성인을 상징하는 십자가와 함께 성 조지의 붉은 십자가가 그려져 있다.

캔터베리 대성당에 있는 마거릿 홀랜드 부인(Lady Margaret Holland)과 그녀의 두 남편—클래런스 공작 토머스(Thomas, Duke of Clarence, 왼쪽: 1421년 사망)와 서머싯 백작 존 보퍼트(John Beaufort, Earl of Somerset, 1410년 사망)—의 묘비 조각상. 두 기사 모두 갑옷 위에 타바드(짧은 상의)를 걸치고 그레이트 배서닛 투구를 쓰고 있다.

식별하고 또 전달문을 전하기 위해[주5] 대귀족들은 개별적으로 문장관을 고용해 주인의 문장이 들어간 관복(타바드)을 입히고, 나팔수에게는 악기에 문장이 새겨진 장식을 달게 했다.

---

주5) 전달문을 정확하게 상대에게 전하기 위해서는 수신자의 문장을 알아야 한다. 또 전사자 확인을 위해서도 필요했다.

수많은 병사가 서로를 전투용 망치로 두들기는 소리는 분명 귀가 먹을 정도로 시끄러웠을 것이다. 얼굴 가리개를 내리면 청각뿐만 아니라 시각도 차단되었지만, 좌우 방향의 시야는 그나마 나았다. 통풍구가 없는 투구를 쓴 채로 발밑을 보려면 몸을 앞으로 굽혀야 했고, (열기가 빠져나가지 않아) 금세 체온이 올라 땀으로 흠뻑 젖었다.

## Chivalry
# 기사도

유럽 전역에서 모여든 기사를 하나로 묶은 신비한 힘이 바로 기사도(chivalry, 시벌리)이다.

이 단어의 프랑스어 어원은 원래 말과 기마술하고 관련이 있다.[주1] 그런데 15세기가 되면 이 단어에 기사에게 요구되는 필수적인 자질까지 포함되게 된다. 즉, 예절, 귀부인에 대한 존중, 교회와 빈민에 대한 보호, 그리고 적을 마주한 순간에도 굽히지 않는 용기 등이 그것이다. 이러한 이상적인 개념은 15세기 동안 점점 하나로 융합되었고, 유럽 전역의 귀족 저택과 궁정에서 반복해 이야기된 기사 이야기(romance, 로맨스) 속에 등장하게 된다.

기사라는 직업(knighthood, 나이트후드)은 하나의 유대 기반으로서도 기능했다. 왜냐하면 기사들은 공통의 이해관계를 공유했고, 사회적으로도 일정한 지위를 가지고 있었기 때문이다. 기사들은 서로 적과 아군으로 나뉘어 (때로는 함께) 싸운 무술 대회(토너먼트)나 궁정에 갔다가 만난 외국인들의 이름과 얼굴을 알고 지내기도 했다. 그런 교류는 때때로 「적이지만 훌륭하다」는 식의 존경심을 낳기도 했다.

---

주1) 말 또는 승마술을 프랑스어로 cheval(슈발)이라고 한다. 기사도는 프랑스어로 chevalerie(슈발리)라고 하며, 영어의 chivalry는 이 단어를 차용한 것이다.

하지만 기사도는 어떤 의미에서는 일종의 게임과도 같았다. 신사들은 자신의 교양을 과시했고, 상류 사회에서의 처신, 특히 귀부인이 있는 자리에서의 예법에 대해 경쟁하듯이 해박함을 뽐냈다.

그러나 그들은 막상 전투가 벌어지면 기사도를 돌아볼 겨를이 없을 때도 많다는 것을 잘 알았다. 존경심과 자비심으로 상대의 목숨을 살려줄 때도 있겠지만, 이는 주로 거액의 몸값을 받아내기 위함이었다.

이러한 관습은 세기 초반에 특히 프랑스에서 행해졌다. 실제로 그렇게 얻은 이익을, 예를 들어 프랑스에서 판호프 경(Lord Fanhope)으로부터 얻은 전리품으로 세운 베드퍼드셔(Bedfordshire)의 앰프틸

한때 기사였던 노년의 은자가 종기사에게 기사도의 의의에 대해 설하고 있다. 출처는 『기사도의 질서(The Book of the Ordre of Chyvalry)』이다. 라몬 룰 저작의 잉글랜드판으로, 1473년부터 1483년 사이에 에드워드 4세를 위해 저술된 것이다.
(British Library의 허가를 받고 게재. MS Royal 14 E II, f.338)

성(Ampthill)처럼, 영지나 성에 투자하기도 했다. 1421년에 두 명의 잉글랜드 종기사, 존 윈터(John Winter)와 니콜라스 몰리뉴(Nicholas Molyneux)가 프랑스에서 전쟁 중에 전우의 맹세를 한 것도 이와 같은 이유에서였다. 그들은 전쟁에서 얻은 이익을 축적하고, 이를 공동 출자해 잉글랜드 내의 영지와 저택을 구입하려고 했다.

그러나 긴박한 상황은 과격한 행동을 하게 만드는 법이다. 아쟁쿠르에서 국왕 헨리 5세의 명령으로 이루어진 포로 대량 학살이 그러한 대표적인 사례이다. 곧 시작될 새로운 공격에 잉글랜드군이 정신을 빼앗긴 틈을 타, 포로로 붙잡아놓은 프랑스 병사들이 무기를 들고 다시 싸울 것이 두려웠던 헨리는 기사도 정신을 돌아보지 않았다.

유럽의 전쟁터에는 점점 더 직업 장갑병 부대가 많아졌다. 위험천만한 상황에도 굴하지 않고 맞서는 용기의 상징이었던 가문의 문장도 그들에게는 큰 의미가 없었다. 대부분은 그러한 위험한 상황 속에 머무를 생각도 맞설 생각도 없었다. 그러한 도덕적인 용기는 한 푼의 이득도 되지 않았고, 식별할 수 있는 문장이 없으면 가문에 흠이 갈 일도 없었다.

잉글랜드에서는 장미 전쟁 시기가 되면 귀족을 살려주는 관행이 점차 자취를 감추게 된다. 이제 각 가문은 오랜 원한을 정리할 절호의 기회라 여기는 듯이 적의 적 세력을 지원했다. 이러한 동기는 기사도의 이상과 공존할 수 없다. 패배한 자들은 저들이 도움의 손길을 내밀기는커녕, 자신의 숨통을 끊을 은총의 일격(coup de grace, 쿠 드 그라스)을 당할 처지에 놓였음을 깨달았을 것이다.

15세기 후반에 그려진 런던탑의 오를레앙 공작. 1415년 아쟁쿠르 전투에서 포로가 된 오를레앙 공작은 몸값이 지불될 때까지 런던탑을 포함한 여러 성에 감금되어 있었다. 이 그림에는 여러 장면이 동시에 담겨 있다. 강을 통해 도착하는 장면, 흰 탑(중앙의 중심 건물)에서 석방 문서에 서명하는 장면, 창문에서 얼굴을 내밀고 사신을 기다리는 장면, 사신을 반가이 맞이하고 말을 타고 탑을 떠나는 장면이 그려져 있다.
(British Library의 허가를 받고 게재. MS Royal 16F II, f.72v-73)

기사도는 외교 수단으로 활용되기도 했다. 때로는 전쟁을 피하기 위해 대표자 간의 1대1 시합을 제안하기도 했다. 물론 대부분 말뿐이었지만, 1425년에는 프랑스의 필리프 선량공[주2]이 글로스터 공작 험프리[주3]에게 실제로 결투를 신청했고, 검술 지도까지 받으며 훈련했다. 시합을 위한 무기와 천막까지 준비했지만, 외교적으로 문제가 원만하게 조율되어 시합은 결국 열리지 않았다.

잉글랜드의 위대한 세속 기사단은 1348년 에드워드 3세가 창설한 가터 기사단[주4]이다. 가터 기사 대부분은 잉글랜드 국왕의 무관이었으며, 왕실의 피를 이은 자를 제외하면 군사 경력이 없는 자는 거의 포함시키지 않았다. 이러한 전통은 16세기에 토머스 크롬웰[주5]이 최초의 「세속 사제」 기사로 임명될 때까지 이어졌다.

기사는 세 가지 중죄를 지으면 기사 자격을 박탈당하거나 강등되었다. 즉 대역죄, 적전 도주, 종교적 이단이 그것이며, 나중에 방탕한 생활이 추가되었다.

---

주2) 필리프 선량공(Philip the Good). 프랑스의 부르고뉴 공작. 재위 1396~1467년. 백년 전쟁 당시 헨리 5세와 손을 잡고 프랑스 왕권에 맞섰으나, 나중에는 프랑스 왕과 화해했다.

주3) 글로스터 공작 험프리(Duke of Gloucester, Humphrey). 1391~1447년. 헨리 4세의 넷째 아들. 형인 헨리 5세 사후에는 형인 베드퍼드 공작이 프랑스를, 동생인 험프리가 잉글랜드의 내정을 맡았다. 베드퍼드 공작 사후에는 헨리 보퍼트와 대립했다.

주4) 가터 기사단(the Garter). 1348년에 에드워드 3세가 창설한 가장 오래된 세속(비종교적) 기사단. 정원은 26명이며, 결원이 생기지 않는 이상 충원하지 않는다. 왕을 수장으로 하는 13명의 팀과 왕태자(창설 당시에는 흑태자 에드워드)를 수장으로 하는 13명의 팀으로 나누어져 있다.

주5) 토머스 크롬웰(Thomas Cromwell). 약 1485~1540년. 가난한 집안 출신이지만, 의회 정치인이 되었다. 1532년부터는 헨리 8세(재위 1509~1547년)의 측근 문관으로 일했다. 잉글랜드 종교 개혁을 중심이 되어 강력하고도 가열차게 추진해 에식스 백작으로 임명되었지만, 결국 헨리의 신임을 잃어 단두대에서 이슬이 되어 사라졌다.

궨트(Gwent)의 라그란 성(Raglan) 건설은 약 1430년경에 윌리엄 압 토머스 경(Sir William ap Thomas)이 착공했고, 이후에 그의 아들이자 훗날 펨브룩 백작이 되는 윌리엄 허버트 경(Sir William Herbert)이 계승해 1469년에 처형될 때까지 공사를 계속했다.

불명예로 기사 신분을 박탈당하는 장면이 1464년에 그려진 그림에 담겨 있다. 그림 속에서 대역죄로 기소된 랄프 그레이 경은 박차(기사의 상징)를 잘리고, 문장을 뜯기고, 갑주를 분해당한다. 그는 문장과 휘장 모두 뒤집어 달도록 명받았지만, 에드워드 4세가 이를 면제해 주었다.

15세기에는 이 시대의 무술 대회를 소재로 삼아 기사 이야기 문학이 부활했다. 샤를마뉴[주6] 이야기의 13세기 판이 버너스 경에 의해 1454년에 『보르도의 위옹 공작(The Boke of Duke Huon of Bordeux)』이라는 제목으로 번역되었다. 아서왕 이야기의 새로운 판본도 등장했다. 그 가운데서도 특히 유명한 것은 토머스 맬러리 경의 『아서왕의 죽음(Le Morte d'Arthur)』이며, 캑스턴이 인쇄해 널리 보급했다.

이 무렵이 되면 왕을 위해서가 아니라 자기 동료인 신사와 숙녀들을 위해 작품을 창작하는 작가들이 등장한다. 13세기의 마요르카 출신 작가 라몬 륄[주7]의 작품을 캑스턴이 영어로 번역해 『기사도 혹은 기사 계급의 질서(The Book of Ordre of Chyvalry or Knyghthode)』로 완성했다. 이는 「용감하고 고귀한 종기사」의 요청으로 이루어진 것이라고 기술되어 있다. 그 밖에도 질베르 드 라 아이와 같은 작가들이 다양한 기사 이야기를 남겼다.

맬러리는 기사 계급의 이상이 의례에 삼켜지려던 시기에 집필했다. 그는 갤러해드가 아니라 유약함에도 불구하고 랜슬롯[주8]에게서 기사도의 이상을 찾아냈다. 그는 대국적인 측면에서 기사도를 세속인 내부에 존재하는 것으로 파악했기 때문이다. 그는 잉글랜

주6) 샤를마뉴(Charlemagne). 카를 대제. 742~814년. 카롤링거 왕조 프랑크 왕국의 왕이자 서로마 황제. 11세기의 서사시 『롤랑의 노래』(La Chanson de Roland)에서는 그를 향한 기사 롤랑의 충절과 함께 당시 기사의 야만적이라고도 할 수 있는 자부심 넘치는 기질을 엿볼 수 있다.

주7) 1235~1315년. 스콜라 철학자. 카탈루냐 문학의 창시자.

주8) 랜슬롯(Lancelot). 아서왕 이야기에서 나오는 기사 중 한 명. 그는 아서왕의 왕비 기네비어를 연모하는 마음을 떨쳐내지 못해, 아서왕을 향한 충심과 연심 사이에서 고뇌한다. 결국 자신뿐 아니라 주변 사람까지 비극으로 이끈다.

Chivalry 기사도 131

드의 기사 문학을 통해 아서왕을 위대한 기사적 영웅으로 그려냈다. 프랑스의 기사 이야기와 달리, 가웨인[주9]처럼 많이 들어 익숙한 수많은 기사가 아서왕의 지휘관으로 또 용맹한 기사로 등장한다. 맬러리는 대영주가 전시에 왕의 지휘관을 겸하던 시절에 잉글랜드 궁정 생활의 현실을 충실하게 그려냈다. 또 귀부인을 숭배하는 것을 이상으로 삼던 기사도적인 사랑의 종말도 담았다. 이졸데[주10]는, 사랑은 거추장스러운 것이며, 자신을 아서왕의 궁전에 데려가면 다른 기사들의 조롱거리가 될 거라고 트리스트람(트리스탄)에게 말한다.

> 「다들! 저것 보시오. 트리스트람 경이 성안을 연인과 함께 돌아다니며 개사냥, 매사냥, 암사슴 사냥을 즐기고 있소. 우리는 안중에도 없다 이 말이오」

결국 기네비어에게 굴복한 랜슬롯의 비극처럼 개인적인 감정은 기사로서의 파멸을 의미했다. 기사는 올바른 행동만 해야 했다. 캑스턴은 맬러리의 작품 서문에 이렇게 썼다.

---

주9) 가웨인(Gawain). 저돌적으로 돌진하는 타입으로, 원탁의 기사 중 한 명이다. 때로는 거칠고 야성적인 자존심을 가졌다는 점에서 가장 기사다운 기사라고도 할 수 있다. 랜슬롯과 절친한 친구 사이였는데, 랜슬롯이 그 사실을 모르고 가웨인의 동생을 죽이고 만다. 가웨인은 랜슬롯에게 고집스럽게 결투 신청을 했다가 빈사 상태에 빠질 정도의 중상을 입는다. 마지막에는 우정을 회복하지만, 랜슬롯에게 사실을 전하지 못한 채 세상을 뜬다.
주10) 트리스탄과 원래 결혼할 운명이 아니었으나, 운명의 장난으로 연인이 되어 허락되지 않은 사랑을 하는 비극적이고도 격정적인 사랑 이야기가 펼쳐진다.

「이 책에는 고결한 기사도, 예절, 자비, 우호, 용기, 사랑, 우정, 비겁함, 살인, 증오, 미덕, 그리고 죄가 담겨 있으니, 정의를 본받고 따르십시오……」

## Tournaments
## 무술 대회

무술 대회(토너먼트)는 무예 훈련을 하기에 최적인 장소였으나, 이 시기가 되면 이미 전쟁을 위한 훈련보다 장관을 이루는 구경거리로 변한다.

기마를 탄 기사 두 명이 끝을 무디게 만든 마상창(랜스)을 들고 싸우는 「평화의 마상창시합」(joust of peace, 자우스트 오브 피스)에서는 특수 제작된 장비와 높은 안장(saddle, 새들)을 사용했기 때문에 상대를 말에서 떨어뜨린 순간이 아니라 창이 부러진 순간을 승부의 기준으로 삼았다.

1420년에는 대전 상대끼리 충돌하지 않도록(고의이든 아니든) 또 말이 일직선으로 달리도록 해주는 격벽(tilt, 틸트)이 이탈리아에서 등장한다. 초기에는 천으로 만들어졌으나, 곧 튼튼한 목제로 대체되었다. 틸트는 전쟁 기술을 연마하는 데에는 도움이 되지 않았다.

하지만 개중에는 여전히 끝이 날카로운 창(과격하고 죽음에 이를 수도 있는 창, à outrance[아 우트란스])을 사용하는 「전쟁의 마상창시합(joust of war, 자우스트 오브 워)」를 좋아하는 자도 있었다. 갑주도 주로 전쟁터

1414년에 개최된 「평화의 마상창시합」에서 리처드 비첨 경과 휴 로우니 경이 끝을 무디게 만든 창을 맞부딪치며 싸우는 모습이 15세기 후반에 제작된 『비첨의 패전트』의 삽화에 그려져 있다. 휴 경은 얼굴 가리개를 위로 올린 아멧 투구를 쓰고 있다. 리처드 경은 폴더미튼(팔 보호구)을 착용했고, 휴 경은 왼손에 매니퍼(대형 쇠장갑)를 낀 것이 뚜렷하게 보인다.
(British Library의 허가를 받고 게재. MS Cotton Julius E IV, art. 6, f.15v)

에서 착용하는 것을 사용하고, 시합도 더 위험해 때로는 치명상을 입기도 했지만, 그 목적은 어디까지나 상대를 죽이는 것이 아니었다. 이외에도 「자유로운 마상창시합(joust of large, 자우스트 오브 라지)」이라든가 「임의의 마상창시합(joust of landom, 자우스트 오브 랜덤)」이라고 불리는 시합도 있었으며, 이때는 격벽을 사용하지 않았다. 들고 있던 창을 한 번 놓치면 갑주의 보강구를 벗고 서로 도검을 들고 계속 싸울 수 있었다. 이와 유사한 단체전(tourney, 투르니)에서는 두 그룹이 맞붙어 싸웠고, 마상창시합의 본래 형식을 따르면서 스펙터클한 볼거리도 제공했다. 이와 달리 난투 단체전에서는 곤봉이나 날을 무디게 만든 도검을 사용했다. 이러한 보행 전투는 전쟁터에서 말을 타지 않고 자주 싸우게 된 것을 반영한다. 다만, 경기에서는 휘두를 수 있는 타격 횟수가 정해져 있었으며, 위반하면 심판이 끼어들어 중재했다.

야심을 품은 중류 계급이 기사 신분으로 등용되기 시작하자 태어날 때부터 그 지위에 있었던 자들은 자기 지위를 지키기 위해 왕과 결속하는 수단으로 기사도를 이용하기 시작했다. 그 결과, 다루기 어려운 영주들이 가하는 위협은 줄어들었고, 군주들은 무술 대회(토너먼트)가 음모를 꾸미는 귀족들의 온상일지도 모른다는 의심을 예전만큼 하지 않게 되었다.[주11]

무술 대회는 이제 통치자의 부와 아량을 반영하는 것으로 간주되었다. 하지만 잉글랜드에서는 이런 축제에 터무니없이 큰 비용이

---

주11) 무술 대회에는 많은 기사와 병사가 모이는 게 당연한 일이기 때문에 반란을 위해 병력을 모으는 은폐 수단이 될 수 있었다.

들게 되면서 15세기에는 거의 열리지 않게 되었다. 그럼에도 불구하고 실제로 거행된 사례 중에는 1402년 2월에 개최된 헨리 4세의 왕비인 나바르의 조안<sup>주12)</sup>의 대관식이 있으며, 이는 훗날 『리처드 비첨의 패전트<sup>주13)</sup>』에 묘사된다.

　이런 종류의 축제에 참가하거나 관람하기를 원한 기사들은 종종 국외, 특히 공작들이 권력을 과시하기 위해 호화로운 축제를 열던 부르고뉴 지역까지 가야 했다.

　1449년에 바스터드 오브 생폴(Bastard of st Pol)이 칼레 근교에서 개최한 「고귀한 여행자의 험난한 길」(pas de la belle pélerine)의 경우에는 문장관들이 잉글랜드와 스코틀랜드를 방문해 축제가 개최될 것이라는 소식을 널리 알렸다.

　「황금 나무의 험난한 길 시합」(pas d'armes de l'Arbre d'Or)은 시크릿 아일(Secret Isle)의 귀부인을 섬긴 골든 트리 기사 플로리몽(Florimont)의 이야기를 바탕으로 한 것이다. 부르고뉴 공작 샤를 1세 담대공<sup>주14)</sup>과 요크의 마거릿<sup>주15)</sup>의 혼인을 축하하며 1468년 7월에 브뤼주의 시장에서 개최되었다. 여섯째 날에 스케일스 경은 전년도에 마상창시합을 벌였던 부르고뉴의 바스터드에게 재도전했다. 둘은 원

주12)　나바르의 조안(Joan of Navarre). 1370년경~1437년. 헨리 4세의 마지막 왕비. 나바르 왕 카를로스의 딸. 전 브르타뉴 공작 부인.
주13)　『리처드 비첨의 패전트(Pageant of Richard Beauchamp)』. 워릭 백작 리처드 비첨의 생애를 묘사하고 있다. 일반적으로 『비첨 연대기』라고도 한다.
주14)　부르고뉴 공작 샤를 1세 담대공(Charles the Bold, Duke of Burgundy). Charles le Téméraire[프]. 재위 1467~1477년. 마지막 부르고뉴 공작. 프랑스 왕 루이 11세와 싸워 우세를 점했으나, 스위스 쪽으로 팽창을 꾀하다가 전사한다. 그의 궁정은 화려하고 호화로운 행사가 열린 것으로 유명하다.
주15)　요크의 마거릿(Margaret of York). 1446~1503년. 제3대 요크 공작 리처드의 셋째 딸. 에드워드 4세의 여동생.

래 전우였지만, 이번에 전우의 맹세를 맺었기에 바스터드는 스케일스 경의 도전을 사양하고, 클레브의 아돌프에게 대신 도전을 받아달라고 부탁했다. 그리고 훌륭한 마상창시합(자우스트)이 여러 차례 펼쳐졌다. 스케일스 경은 11자루의 창을 부러뜨렸고, 반면 클레브는 17자루를 부러뜨렸는데, 정작 가장 고생한 사람은 바스터드 본인이었다. 관전 도중 무릎 위쪽을 말에게 걷어차여 일시적으

뾰족한 창을 사용하는 「전쟁의 마상창시합」에서 콜라드 피네스 경(Sir Colard Fynes)을 찌른 리처드 비첨 경. 콜라드 경의 어깨와 왼팔에 커다란 보강구가 장착되어 있는 것이 보인다.
(British Library의 허가를 받고 게재. MS Cotton Julius E IV, art.6,f.16)

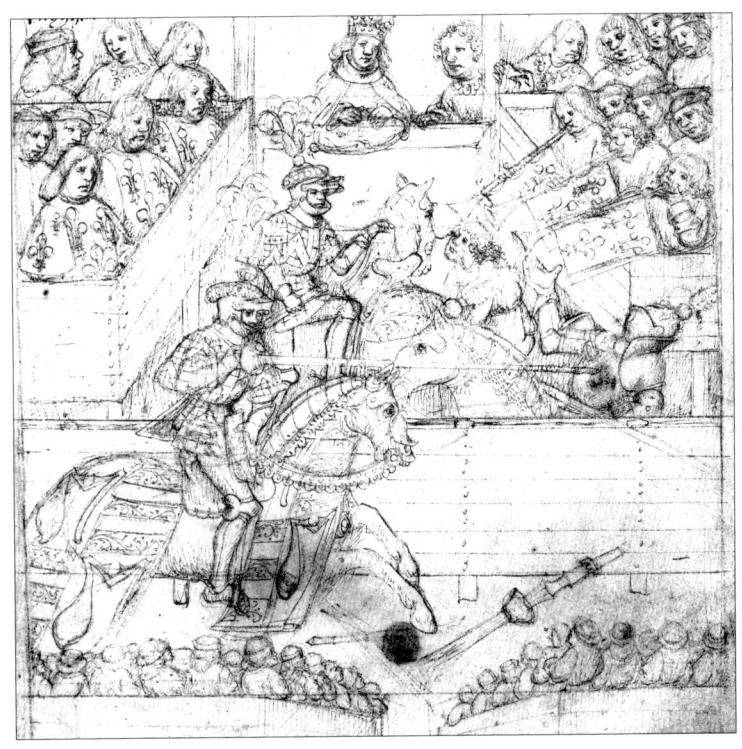

시합장(리스츠)에서 벌이는 도보 결투. 전쟁터에서는 이미 시대에 뒤떨어진 취급을 받는 그레이트 배서닛 투구가 눈에 띈다.
(British Library의 허가를 받고 게재. MS Harley 4375, f.171v)

로 죽을 위기에 놓이기까지 했다. 단체전(투르니) 후 식탁에 황금 나무 울타리와 황금 나무로 만들어진 중앙 장식이 30개나 놓인 연회가 열렸고, 축제는 그렇게 마무리되었다. 그때 거인들이 가져온 고래가 도착하자 그 안에서 세이렌[16]들이 나와 노래를 불렀고, 거인들은 12명의 바다 기사와 전투를 한판 벌였다. 부르고뉴 공작은 무

---
주16) 세이렌(Siren). 그리스 신화에 나오는 반인반조(半人半鳥). 아름다운 노랫소리로 선원들을 유혹해 조난사를 당하게 만든다는 바다의 정령.

날 끝을 무디게 만든 검을 사용하는 투르니와 그레이트 배서닛 투구의 일종. 출처는 『비첨의 패전트』이다. 그림 왼편을 보면 곰과 가지 달린 막대가 결합된 형태의 워릭 백작 가문 문장이 투구 장식으로 장식되어 있다
(British Library의 허가를 받고 게재. MS Cotton Julius E IV, art., VI f.7v)

술 대회에서 거둔 공로를 인정받아 상을 받았는데, 그는 이를 고사하고 대신에 그 상을 잉글랜드 왕비[주17]의 남동생인 존 우드빌에게 주었다.

---
주17) 에드워드 4세의 왕비, 엘리자베스 우드빌.

끝이 날카로운 창(아 우트란스)을 사용하는 마상창시합에 도전하는 일도, 외국 기사들을 끌어들이긴 했으나, 15세기에는 그리 드문 일이 아니었다. 이러한 시합은 앞서 언급한 축제들에 비하면 훨씬 소박했고, 험난한 길 시합(pas, 파)에서는 압도적으로 우위를 점하고 있던 무디게 만든 창 대신 다양한 날카로운 무기를 사용했다. 결투에도 여러 종류가 있었으며, 실제 전쟁터에서처럼 기사는 하마 상태로도 기마 상태로도 싸웠다. 무술 대회는 하나 같이 위험이 수반되

1394년에 리처드 2세 참석하에 스미스필드에서 열린 「전쟁의 마상창시합」(자우스트 오브 워). 15세기 후반에 그려진 그림이다. 기사는 야전용 갑주를 착용하고 있다. 방패의 쿼터(4분의 1)에 그려진 플뢰르 드 리스(백합꽃 문양)의 수가 세 개씩으로 줄어든 것은 리처드 2세 시대 이후이다.
(Lambeth Palace Library, MS 6, f.233)

었지만, 이러한 결투는 훨씬 더 위험하고 살벌했다. 애초에 난폭한 성격의 시합이었지만, 여기에도 차츰 기사도적인 요소가 도입되어 도전하고자 할 때는 정식으로 서신을 보내야 하는 방식으로 바뀐다. 참가자는 날카로운 무기로 싸우는 특별한 스릴을 즐기는 기사들이었다. 명성을 얻으려는 자나 일종의 기사단처럼 한데 모여 무예 실력을 선보이려는 기사들이었을 것이다. 도전자는 종종 휘장

베드퍼드셔의 던스터블 소수도원(Dunstable 小修道院)에서 발견된 15세기 초의 던스터블 백조. 사슬에 묶인 백조 모양의 흰색 칠보 휘장으로, 현존하는 것은 이것뿐이다. 이 휘장은 랭커스터 가문 출신인 헨리(훗날 헨리 4세)와 명망 높은 백조 기사의 후예라 일컬어지는 가문의 딸인 메리 드 보훈(Mary de Bohun, 헨리 5세의 어머니)이 결혼하면서 랭커스터 가문에 전해졌다.
(the Trustees of the British Museum이 호의를 베풀어준 덕분에 게재. M&LA, 1966, 7-3, 1)

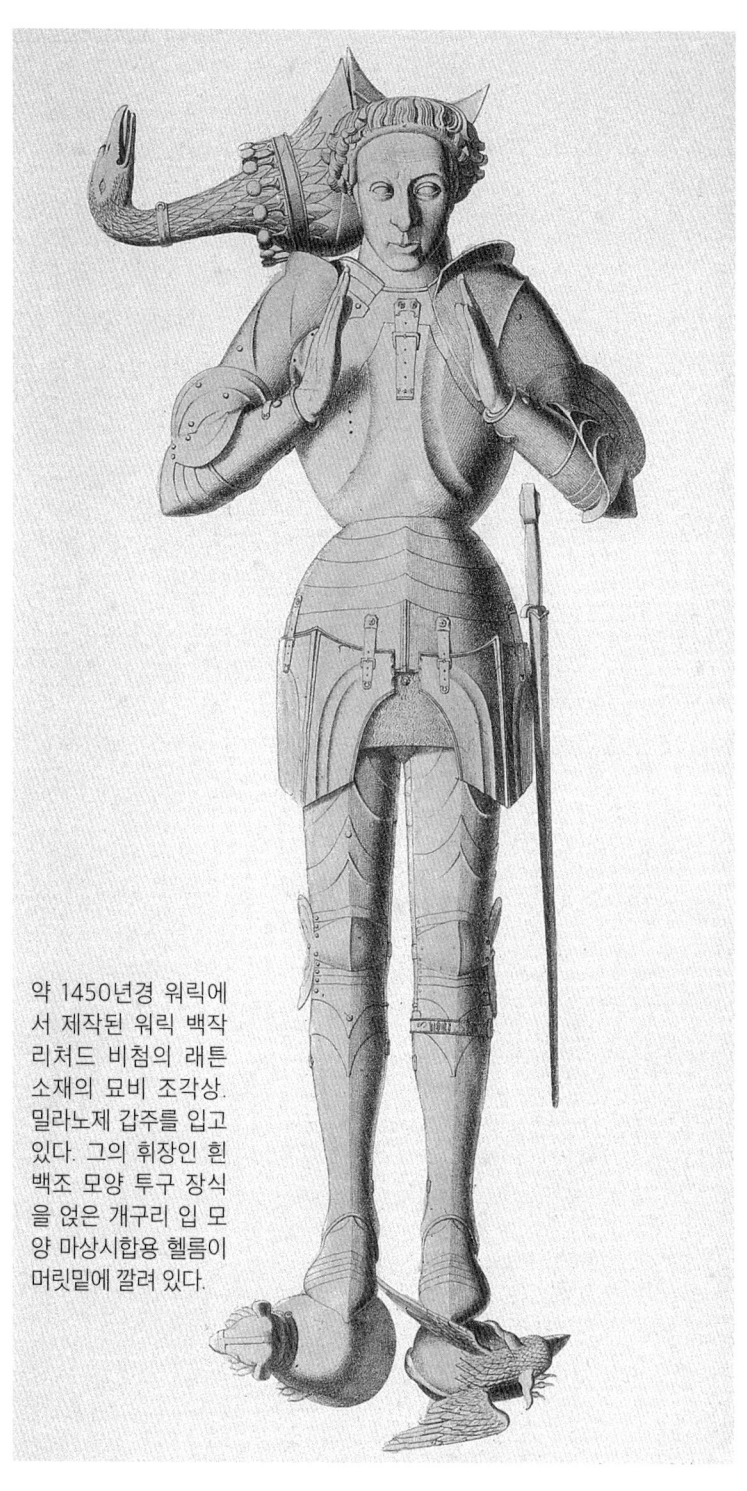

약 1450년경 워릭에서 제작된 워릭 백작 리처드 비첨의 래튼 소재의 묘비 조각상. 밀라노제 갑주를 입고 있다. 그의 휘장인 흰 백조 모양 투구 장식을 얹은 개구리 입 모양 마상시합용 헬름이 머릿밑에 깔려 있다.

이나 그에 준하는 것, 예를 들어 가터 등을 몸에 달고 있었으며, 그 자체가 상일 때도 있었다.

1400년에 존 프렌더가스트 경은 아라곤 출신의 종기사 미셸 도리스에게 결투 신청을 받았는데, 문장관을 통해 도전장이 전달되었음에도 불구하고 결투는 이루어지지 않았다. 한편, 1438년 8월 29일에 존 애스틀리는 파리에서 프랑스 국왕 샤를 7세[18]가 지켜보는 가운데 피에르 드 마시와 결투를 벌였다. 이때 애스틀리는 상대의 머리를 창으로 가격해 죽게 했다. 1442년 1월에 애스틀리는 아라곤 기사 필립 보일의 도전을 받았고, 시합은 스미스필드에서 거행되었다. 보일은 가벼운 부상을 입었고, 유리해진 애스틀리가 단검(dagger, 대거)으로 보일의 얼굴에 찌르려는 순간, 시합을 지켜보던 잉글랜드 국왕 헨리 6세가 결투를 중단시켰다. 국왕은 그 자리에서 애스틀리에게 기사 작위를 수여했고, 평생 매년 100마르크의 수당을 지급하기로 했다.

1465년에 에드워드 4세의 매형인 앤서니 우드빌 스케일스 경은 부르고뉴의 바스터드 앤서니에게 결투를 신청했다. 잉글랜드에서는 대규모 결투가 비교적 드물었기 때문에 많은 저술가가 이 행사에 주목했다. 아무래도 우드빌은 부르고뉴식 생활양식을 흉내 낸 듯하다. 에드워드의 궁정에 있던 귀부인들은 우드빌을 에워싸고 「추억의 꽃 한 송이」와 함께 마상창시합에 필요한 물품들을 그의 허벅지에 금실로 묶어주었다고 기록되어 있다. 2년 후 도전이 받아

---

[18] 샤를 7세(Charles VII). 1403년~1461년. 프랑스 왕(재위 1422~1461년). 백 년 전쟁을 종결시킨 왕이다. 그가 왕세자였을 때 그를 프랑스 왕으로 만들기 위해 몸 바친 인물이 잔 다르크이다.

들여졌다. 말 갑옷에 가시를 다는 것을 금지하는 등, 세부적인 규칙이 있었음에도 바스터드의 말이 상대편 말과 충돌해 죽고 말았다. 이 사고로 의혹이 제기되었고, 스케일스 경의 검 조각이 죽은 말에게서 발견되었지만, 스케일스 경은 이를 반박하지 못했다. 그 결과, 도보 결투가 시작되었고, 전투 도끼를 몇 차례 휘둘러 스케일스 경이 유리해진 시점에 국왕이 결투를 중단시켰다. 하지만 그 후 잉글랜드와 부르고뉴 기사들의 시합이 열렸다.

  신분이 높은 기사가 스펙터클한 대규모 시합에 등장할 때는 자신의 부를 과시할 필요가 있었다. 이는 자신의 갑주와 무기뿐만 아니라 말 장식, 수행원의 의상에까지 이르렀으며, 때로는 관중에게 선물을 나누어주기도 했다.

## Medical Care, Death and Burial
# 치료, 죽음, 그리고 매장

　부상당하거나 병에 걸린 기사가 회복되려면 두 가지의 큰 난관을 거쳐야 했다. 첫 번째는 외과 의사의 진료를 받을 수 있는지 여부가 그 기사의 지위에 달려 있었다는 점이다. 두 번째는 설령 치료를 받을 수 있다고 해도 의사의 실력과 상처의 종류에 따라 결과가 크게 달라졌다는 것이다.

　국왕이나 고위 귀족은 외과 의사를 고용했고, 이동 시에는 대동했다. 토머스 모레스티드는 1415년 프랑스 원정 때 헨리 5세와 계약을 체결했다. 계약서에 그는 국왕의 외과 의사라는 호칭으로 기재되어 있으며, 궁병 3명과 조수(hommes de son mestier) 12명을 제공한다고도 명기되어 있다. 윌리엄 브래드워딘도 외과 의사로 명단에 올라 있었다. 그와 모레스티드가 각각 외과 의사 9명씩을 대동했으므로 해당 원정군에는 총 20명의 외과 의사가 있었던 셈이다.

　외과 의사 중에는 병사와 마찬가지로 톱니 모양 절취선 증서(인덴쳐)로 계약을 맺어 호종(리테이너)이 된 자도 있었다.

　1471년 바넷 전투[19]에서 오른쪽 팔꿈치 밑에 화살이 박힌 존 패스턴은 패주하는 다른 요크군과 함께 가까스로 도망쳤지만, 가지

---
주19) Barnet. 1471년 4월 14일. 헨리 6세 측에 붙은 킹메이커를 비롯한 랭커스터군과 에드워드 4세가 이끄는 요크군이 싸운 전투. 이 전투에서 킹메이커는 전사한다.

「평화의 마상창시합」(자우스트 오브 피스)용으로 디자인된 15세기 초 헬름. 이 헬름은 런던 웨스트민스터 수도원에 있는 헨리 5세의 묘 위에 걸려 있다. 시야 확보를 위한 길쭉한 틈새의 하부에 달린 금속 두께는 1/4인치(약 6mm)이다. 전면의 고리는 복원한 것이고, 후면의 갈고리는 장례식을 위해 추가한 것이다.
(Copyright: Dean and Chapter of Westminster)

도싯의 윔본 대성당에서 발견된, 날 끝을 무디게 만든 창을 사용하는 투르니용 그레이트 배서넷 투구. 1490~1500년경에 제작된 것. (Parish Council 및 the Trustees of the Armouries, AI가 호의를 베풀어준 덕분에 게재)

고 있던 짐은 잃었다. 그의 남동생이 외과 의사를 보내주었다. 존은 돈이 한 푼도 없는데 2주간의 치료비로 5파운드나 든다며 투덜거렸다. 그러나 의사는 그의 상처가 호전될 때까지 「요법」(leechcraft)과 「의술」(physic)을 총동원해 치료했고, 끝까지 그곳에 머물렀다.

당시 치료는 점성술과 체액설[20]이 큰 역할을 했기 때문에 기술과 운에 좌우되었다. 평판이 좋은 외과 의사는 프랑스 남부 랑그도

---

[20] 히포크라테스는 네 가지 체액(혈액, 점액, 흑담즙, 황담즙)이 인간의 체질과 기질을 결정한다고 보았으며, 이 네 가지가 조화로운 상태를 유크라시스(Eukrasis), 불균형한 상태를 디스크라시스(Dyscrasis)라고 불렀다.

크-루시용(Languedoc-Rousilon) 지방의 몽펠리에(Montpellier) 학교에서 수학했지만, 그들조차 가지고 있는 기술에는 한계가 있었을 것이다. 그럼에도 웬만한 것, 예를 들어 골절이나 탈구, 심지어 탈장까지도 잘 치료했다. 또 수족 절단도 시행되었지만, 세균에 대한 지식이 부족했기 때문에 환자에게는 매우 위험한 치료였다. 개중에는 고통을 덜어주기 위해 알코올, 아편, 맨드레이크를 사용하는 의사도 있었다. 도구나 손을 반드시 씻지는 않았다. 상처 부위는 꿰매었으며, 달걀노른자에 진통 효과가 있다고 보았다. 그리고 지혈에는 달군 쇠를 사용했다.

이 시기에는 미늘(barb, 바브)이 달린 화살을 맞는 일이 드물었고, 특히 갑주를 착용한 경우에는 더 드물었지만, 그래도 화살이 깊이 박힐 때도 있었다. 화살을 재빨리 시위에 걸기 위해 종종 화살을 땅에 꽂아두었기 때문에 화살촉과 함께 흙과 옷감 조각들이 상처 속으로 들어가 죽음에 이르게 만들었다. 일반적으로 복부에 상처를 입으면 목숨을 잃었으며, 수술 자체도 지극히 위험했다. 장기가 손상되면 복강 내로 이물질(무기에 묻어 있는 흙은 말할 것도 없고)이 유입되었고, 결과적으로 복막염을 일으켜 죽음에 이르렀다. 그런데 1461년 타우턴 전쟁터에서 발견된 유골을 보면 병사들이 상당히 심각한 부상을 입고도 살아남은 것을 알 수 있다. 근육을 찢고 뼈까지 도달한 검상 자국이나 비틀려 부러진 뼈의 흔적도 몇 군데 남아 있다. 그중 한 명은 이전에도 전쟁을 경험한 자로, 턱에 입은 일격은 그 충격이 너무 심해 칼날이 입 반대편까지 도달했을 정도였다. 그는 두개골에도 부상을 입었고 외모가 다소 손상되었지만, 그 모든

부상을 입고도 매번 살아남아 이번에야말로 정말로 죽을지 모르는 타우턴 전투에 또 참여한 것이다.

기사들은 더 좋은 갑옷을 착용했을 수도 있지만, 전선에서 지휘하는 것이 (이론상으로는) 그들의 임무였다. 도망치지도 죽지도 못한 불운한 기사는 빈사 상태로 내버려졌고, 운 좋게 발견되어 구조되지 않는 한 약탈당한 후 반쯤 벗겨진 채로 들판에 버려졌다.

타우턴 전투에서 발견된 유품은 주로 보병의 것이다. 왼팔의 뼈

전쟁이 끝난 후 친족의 시신을 찾는 모습. 15세기 후반의 이 그림에는
1066년에 벌어진 헤이스팅스 전투 후 모습이 담겨 있다.
(British Library의 허가를 받고 게재. MS Yates-Thompson 33, f.167)

가 압축되어 짧아진 것은 이 사람이 장궁 사수였음을 시사한다. 이들은 패주하다가 혹은 포로가 되었다가 죽임을 당한 것으로 보이며, 그중에는 상처가 여럿 있는 자도 있다. 특히 머리에 상처가 있는 것으로 미루어보아 먼저 베어 쓰러트린 후 숨통을 끊기 위해 재차 공격한 것 같다. 또 투구를 쓰지 않았던 듯한데, 도망칠 때 벗어 던졌거나 잃어버린 듯하다. 이리하여 죽으면 시신을 무덤 구멍에 던져넣었다.

기사나 귀족은 이런 운명을 피할 수 있었을 것이다. 아쟁쿠르 전투 후 요크 공작의 시신을 삶은 후 유골만 매장하기 위해 잉글랜드로 가져갔다. 영주들도 마찬가지로 호종이나 혹은 문장관이 시신을 찾아냈다. 전쟁터를 돌아다니며 사망자(문장을 몸에 착용하고 있는 자)를 기록하는 것이 문장관의 일이었고, 이는 승자에게 있어서 전황을 파악하는 좋은 수단이 되었다. 그 후 각 가문은 시신을 고향 땅으로, 귀족이라면 조상과 나란히 묻기 위해 데려갔다. 그렇지 못할 경우에는 보통 현지의 교회 부속 묘지에 묻었다.

장미 전쟁의 혼란 속에서 상대 진영 측을 왕위에 올리려고 상대 진영에 붙은 배신자들에게는 대역죄를 적용하는 것이 가장 손쉬운 방법이었다. 예를 들어 1460년 웨이크필드 전투에서 솔즈베리 백작 리처드 네빌[주21]은 체포된 다음 날 바로 처형되었다. 반역했다가 죽임을 당한 귀족들은 공공연하게 불명예스러운 치욕을 당했다.

15세기 초반에는 기사들이 프랑스 전투에서 대부분의 시간을 소

---

주21) 솔즈베리 백작 리처드 네빌(Richard Neville, Earl of Salisbury). 1400경~1460년. 킹메이커의 아버지.

15세기 후기, 말을 탄 독일 남부의 「고딕」 양식 복합 갑주. 안할트-제르브스트(Anhalt-Zerbst)의 발데마르 6세(Waldemar VI)를 위해 1480년경 아우크스부르크에서 제작되었을 것으로 추정된다. 독일제 갑주는 외형이 완전히 다르다. 이탈리아제의 부드럽고 둥근 형태와 달리, 기다란 세로 주름이 잡혀 있다. 발에는 사바톤(철 신발)을 신고 있다. 팔 방호구는 하나로 연결되어 있지만, 종종 상완과 전완의 캐넌(완갑), 쿠터(팔꿈치 보호대)로 나누어져 있기도 하다. 플래카트(가슴 보호대 덮개)는 가죽끈으로 묶는 대신 흉갑에 징으로 고정되어 있다. 랜스레스트(창 받침)도 고정쇠(스테이플) 대신 징으로 고정되어 있다. 샐릿 투구와 비버(턱 보호대)를 착용하고 있다. 잉글랜드의 영주들이 이러한 갑옷을 자주 착용했을 수 있지만, 증거가 거의 남아 있지 않다.
(the Trustees of the British Museum이 호의를 베풀어준 덕분에 게재)

비했기 때문에 이런 일은 거의 벌어지지 않았다. 프랑스에서는 보통 그들을 훌륭한 대전 상대로 취급했기 때문이다. 1471년 바넷 전투에서 참수당한 킹메이커 워릭 백작의 시신은 런던으로 운구되었는데, 일족이 묻힌 비샴 수도원(Bisham)에 안장하는 것이 허락되기 전까지 대중에 공개되었다. 리처드 3세는 천 조각 하나만 걸친 나체 상태로, 레스터(Leicester)의 뉴왁(Newarke)에 있는 세인트메리 교회에 이틀간 전시된 후 근처 프란체스코회 수도원의 지극히 평범한 무덤에 묻혔다. 솔즈베리 백작의 잘린 머리는 마찬가지로 웨이크필드에서 사망한 요크 공작과 젊은 아들 러틀랜드 백작의 머리와 함께 요크 성벽의 창살에 꽂혀 전시되었다. 요크 공작의 머리에는 정성스럽게 종이로 만든 왕관이 씌워져 있었다. 잘린 머리를 꼬챙이에 꽂아 런던 브리지나 마을 성문에 전시하는 이러한 굴욕적인 처우는 그곳을 지나다니는 사람들에게 경고하는 역할을 했다. 하지만 이렇게 사권 박탈주22)된 자 중에는 다시 권리를 회복한 자도 많다. 리처드 턴스톨 경은 런던탑에 감금되었지만, 살려두는 편이 더 도움이 된다며 에드워드 4세를 설득해 목숨을 건졌다. 대역죄로 처형된 자의 자녀들은 일반적으로 비난을 당하지는 않았지만, 아버지의 영지는 왕에게 귀속되었다가 상속 시점에 돌려받거나 했을 것이다.

  이러한 잔혹함 속에도 자비와 회한이 공존했다. 각 전쟁터에는 그곳에서 목숨을 잃은 자들의 영혼에게 기도를 올리기 위한 예배당이 설치되었다. 예를 들어 바넷에서는 마을에서 약 반 마일(800

---

주22) 대역죄나 중죄를 저질러 사형 또는 법외 추방 선고를 받아 시민권을 상실하는 것.

미터) 떨어진 곳에 시신을 묻었으며 예배당도 세웠다. 리처드 3세는 바넷과 튜크스베리<sup>주23)</sup>에서 죽은 자신의 수행원들을 기리기 위해 케임브리지 대학교 퀸스 칼리지에 기부를 했다. 귀족들은 전쟁터에서 부상당한 수행원들을 돌보기 위해 사전에 준비했을 것이다. 노섬벌랜드의 헨리는 보스워스에서 자신이 죽으면 그러한 준비를 하라고 유언집행인에게 지시했다.

장미 전쟁 동안 약 30명의 귀족이 수많은 기사와 함께 목숨을 잃었다. 어떤 자는 살려주었지만, 이는 정치적으로 필요하거나 가문에 이익이 되기 때문이었을 뿐 고결한 기사도 정신으로 그런 것은 아니다. 전쟁터에 한 번도 가지 않은 자를 포함해 여타 귀족이 살아남은 것은 오로지 귀족 지지층이 적었던 요크파 군주에게 랭커스터파의 지지가 필요했기 때문이다. 에드워드 4세는 결국 보퍼트 일족[주24] 그리고 헨리 6세와 그의 아들들을 제거할 수밖에 없었지만, 요크파가 통치한 세월이 피로 얼룩진 시기였던 것은 결코 아니다. 헨리 7세와 튜더파가 왕권을 안정시키고 유사 봉건제를 축출하기 위해 정치 공작의 일환으로 그렇게 퍼뜨린 것이다.

---

주23) 튜크스베리(Tewkesbury). 1471년 5월 4일. 랭커스터파가 괴멸한 전투. 그러나 그 후 리처드 3세가 왕위를 찬탈하고, 다시 헨리 튜더가 왕위를 차지하기 위해 거병해, 장미 전쟁이 종결된 것은 1485년(또는 종식 선언을 한 1487년)이다.

주24) 보퍼트 일족(the Beauforts). 헨리 5세대에 윈체스터 주교 헨리 보퍼트가 중용되었다. 그는 헨리 5세의 아버지인 헨리 4세의 이복동생에 해당한다(에드워드 3세의 넷째 아들인 랭커스터 공작 존 오브 곤트의 서자). 보퍼트 일족은 서머싯 백작과 공작을 역임했으며, 서머싯 공작 에드먼드는 헨리 6세대에 왕비를 따라 요크파와 대립하며 랭커스터파로서 싸웠다. 이 혈통은 모계 쪽으로 헨리 튜더(후일의 헨리 7세)하고도 이어져 있다.

# 용어 해설

- **가뉴팽 gaignepain**
  건틀릿(쇠장갑).「평화의 마상창시합」용 갑옷과 함께 오른손에 착용한 것으로, 가죽제일 것으로 추정된다.

- **가드 오브 더 뱀브레이스 guard-of-the-vambrace**
  팔꿈치 보호대(쿠터)의 전면부를 감싸는 강화판. 이탈리아제 갑옷이나 서유럽제 갑옷 일부에서 관찰된다.

- **가드브레이스/견갑 보강판 gardbrace**
  폴드런(견갑) 위에 달린 보강판. 이탈리아제 갑옷이나 서유럽제 갑옷 일부에서 관찰된다.

- **개들링/징 장식 gadling**
  건틀릿(쇠장갑)의 손등이나 손가락 관절 부위에 달린 돌출형 금속 장식 리벳.

- **갬비슨 gambeson**
  충전재를 넣은 옷으로, 보통 수직 방향으로 누비가 되어 있다. 일반적으로는 갑옷 속이 아니라 위에 입은 옷을 말한다.

- **건틀릿/쇠장갑 gauntlet**
  손과 손목 보호구.

- **고짓/목 덮개 gorget**
  목을 보호하기 위한 판금제 보호구.

- **귀자름 guisarme**
  기자림 항목을 참고.

- **그레이트 배서닛 great basinet**
  판금제 목 보호구가 달린 배서닛 투구.

- **그레이퍼/고정 링 graper**
  마상창의 손잡이 부분의 뒤에 달린 걸쇠 고리.

- **그리브/정강이 보호대 greave**
  정강이를 보호하는 판금제 보호구.

- **글레이브 glaive**
  포샤르 항목을 참고.

- **기자름 gisarme**
  guisarme이라고도 쓴다. 자루 아래쪽에 돌기가 달린 복합적인 형태의 머리를 가진 긴 손잡이 무기.

- **기즈 guige**
  방패를 어깨에 메거나 못에 걸 때 사용되는 끈.

- **더빙 dubbing**
  검으로 어깨를 두드리는 것. 기사로 서임함을 뜻하는 행위이다.

- **데스트리어 destrier**
  크고 튼튼한 고가의 군마.

- **라메/판금 판 lame**
  강철 판 또는 강철 조각. 갑옷 접합부로

사용한다.

- **라운시 rouncy**
  일상적인 승마용으로만 적합한 말.

- **랑겟/연장판 langet**
  긴 손잡이 무기의 날에 달린 길쭉한 띠 형태의 금속. 창이나 칼끝의 날 부분을 손잡이에 징으로 단단하게 고정해 주고, 목제 손잡이가 잘려 나가는 것을 막아준다.

- **래튼/동 합금 latten**
  놋쇠와 매우 흡사한 동 합금으로, 갑옷 등을 장식할 때 사용했다.

- **래퍼/보조 턱 보호대 wrapper**
  아멧 투구 하부에 연결한 뱃머리 모양의 판금.

- **랜스/마상창 lance**
  말을 탄 무사가 쓰는 긴 창. 창에 따라서는 손잡이 부분의 전후가 살짝 불룩한 것도 있다.

- **랜스레스트/창 받침 lance-rest**
  흉갑에 있는 창 받침. 마상창으로 찔렀을 때 창이 뒤로 미끄러지는 것을 막기 위한 것으로, 갑옷 장착자 입장에서 보았을 때 오른쪽에 있다. 어원은 프랑스어 arrête(아레테)이다.

- **럼프가드 rump-guard**
  엉덩이 보호대(큐렛)에 달린 한 장짜리 판금.

- **로켓/꼭지쇠 locket**
  칼집(스캐버드)이나 피복 케이스(시스, sheath)의 입구를 보호하는 장식용 금속.

- **론델 대거 rondel dagger**
  손잡이 양 끝에 손을 보호하기 위한 원반이 달린 단검.

- **론델/원반 rondel**
  손을 보호하기 위해 손잡이가 긴 무기 등에 장착하는 원반. 또 보조 턱 보호대(래퍼)를 장착시켜주는 가죽띠를 보호하기 위해 아멧 투구의 뒷부분에 장착한 원반.

- **리버리/제복 livery**
  영주의 가신들이 입은 헐렁한 의복으로 영주의 휘장(배지)이 그려져 있거나 깃발 색깔로 되어 있다.

- **리베이티드 포인트 rebated point**
  무디게 만든 무기의 끝부분. 무술 대회(토너먼트)에서 사용한다.

- **리스츠 lists**
  무술 대회(토너먼트)가 행해지는 시합장.

- **매니퍼 manifer**
  대형 벙어리장갑(미튼) 모양의 건틀릿(쇠장갑)으로 왼손에 낀다. 「평화의 마상창 시합」용 갑주를 입을 때 일반적인 건틀릿 위에 착용했다.

- **메일/쇄자갑/사슬 갑옷 mail**
  수천 개의 철제 고리를 연결해 만든 갑옷. 대부분 고리가 징으로 연결되어 있지만, 간혹 징으로 연결한 고리와 단접(鍛接) 방식으로 연결한 고리를 교대로 사용한 것도 있다.

- **바드/말 갑옷 bard**
  말용 전신 판금 갑옷(풀 플레이트 아머).

- **바드킨/대침 bodkin**
  갑옷을 꿰뚫을 수 있게 미늘(바브)을 없애고 길게 만든 화살촉.

- **바벗 barbut**
  얼굴 부분이 T자형으로 뚫려 있는 머리를 깊게 감싸는 이탈리아식 투구.

- **바스터드 소드 bastard sword**
한 손 또는 양손으로 휘두를 수 있는 검.

- **발록 나이프 ballock knife**
날과 연결되는 손잡이 부분에 두 개의 혹이 있는 나이프 또는 단검. 빅토리아 시대에는 키드니 대거(kidney dagger)라고 불렀다(발록은 고환, 키드는 콩팥이라는 뜻).

- **배너릿/기기사(旗騎士) banneret**
자신의 깃발 아래 휘하를 거느리고 출진할 수 있는 기사의 호칭.

- **배서닛 basinet**
얼굴 부분이 뚫린 원추형 투구. 측면과 뒷면이 아래쪽으로 길게 뻗어 있다.

- **배셀라드 baselard**
민중이 사용한 길쭉한 단검 또는 작은 검(스몰 소드). 손잡이는 H자 형태이다.

- **백플레이트/배갑(판) backplate**
등에 대는 판금 갑옷.

- **밸버드 halberd**
창이나 칼의 끝부분이 도끼 모양인 긴 손잡이 무기. 칼등에는 갈고리가 달렸고, 끝에는 뾰족한 돌기(스파이크)가 있다.

- **뱀브레이스/완개 vambrace**
판금제 팔 보호구.

- **뱀플레이트/대형 날밑 vamplate**
손을 보호하기 위해 마상창에 장착한 둥근 고리 모양의 판금.

- **베세주/방호판 besagew**
겨드랑이 아래를 보호하기 위해 달린 원반.

- **베크 드 포콩 bec-de-faucon**
매 부리 모양의 돌기가 달린 도끼 또는 망치(베크 드 포콩은 매 부리라는 뜻).

- **보/말안장의 앞 테두리 bow**
안장의 앞부분.

- **브레스 breath**
호흡과 시야를 확보하기 위해 투구에 뚫어놓은 구멍.

- **브레스트플레이트/흉갑(판) breastplate**
가슴과 위를 보호하는 판금 갑옷.

- **브로드 헤드 broad-head**
넓적한 미늘이 달린 화살촉으로, 날이 길다. 사냥할 때나 군마에게 큰 부상을 입힐 때 사용되었다.

- **브리건딘 brigandine**
몸통 방호구로, 안쪽에 여러 개의 작은 판금을 징으로 고정한 캔버스 천 소재의 짧은 상의로 이루어져 있다. 바깥쪽은 보통 천이나 가죽으로 감싸져 있었다.

- **비버/턱 보호대 bevor**
샐릿 투구와 함께 사용하는 판금제 목 보호구.

- **빌 bill**
손잡이가 긴 손도끼(헤지 빌, hedge bill)에서 유래한 긴 손잡이 무기(스태프 웨폰). 머리는 끝부분과 등 쪽에 달린 뾰족한 돌기(스파이크)와 날이 조합된 구조로 되어 있다.

- **사바톤/철 신발 sabaton**
발을 보호하는 판금제 보호구.

- **사이드 윙 side wing**
팔꿈치 안쪽을 보호하기 위해 팔꿈치 보호대(쿠터)에서 확장되어 있는 판금. 혹은 무릎 안쪽을 보호하기 위해 무릎 보호대(폴레인)에서 확장되어 있는 판금.

- **샐릿 sallet**

뒷부분이 꼬리처럼 길게 뻗어 있는 투구. 얼굴을 노출시키는 것도 있고 보호하는 것도 있다.

- **샤프론/면갑 shaffron**
말의 머리를 보호하는 판금제 보호구.

- **섬프터/짐말 sumpter**
짐말 또는 하역용 노새.

- **슈보셰/기병 원정 chevauchée**
적군 세력권으로 들어가는 무장 원정.

- **스컬/머리 덮개 skull**
투구의 주요 부분. 또는 금속 챙이 없는 단순한 형태의 모자.

- **스탠더드/곧게 세워진 형태의 칼라 standard**
목을 보호하는 쇄자갑제 보호구. 보통 쇄자갑제로 된 환형(環形) 업스탠딩 칼라를 말한다.

- **스톱립/돌출 테두리 stop-rib**
무기가 빗나가도록 판금 위에 세우고 징으로 고정해 놓은 강철 띠.

- **스폴더/견개 spaulder**
어깨를 보호하는 판금제 보호구.

- **슴베/탱 tang**
손잡이 안으로 들어가는 칼날의 연장 부분.

- **아르송 arçons**
안장의 앞 테두리(bow, 보)와 뒤 테두리(cantle, 캔틀).

- **아멧 투구 armet**
머리를 완전히 감싸는 이탈리아식 투구(클로즈드 헬멧). 머리에 쓸 수 있도록 바깥으로 열리는 뺨받이(치크피스)가 달렸다.

- **아밍 더블릿/갑옷 장착용 내의 arming doublet**
판금 갑옷 속에 입는 짧은 상의. 노출된 부분을 보호하는 쇄자갑제 거싯과 갑옷 부품을 연결하기 위해 끝부분에 금속이 달린 장착용 끈(아밍 포인트)이 달렸다.

- **아밍 소드 arming sword**
기사가 메인 무기로 사용하는 도검.

- **아밍 캡 arming cap**
충전재를 넣은 테두리 없는 누비 모자. 투구 속에 썼으며, 쇄자갑제 두건을 쓸 수 없을 때 하급 병사가 자주 사용했다.

- **아밍 포인트 arming point**
갑옷을 장착할 때 사용한 아마 소재의 트위스트 끈이나 부드러운 가죽끈.

- **아케톤 aketon**
충전재를 넣은 코트. 보통 세로 누비가 되어 있으며, 타격을 완화하기 위해 쇄자갑 속에 입었다.

- **알슈피스 Ahlespiess**
찌를 때 사용하는 긴 손잡이 무기(스태프 웨폰). 단면이 사각형으로 된 가시 모양 돌기(스파이크)가 끝부분에 달렸고, 무기를 든 사람을 보호하기 위한 원반(론델)이 달렸다.

- **애번테일/목 쇠사슬 드리움 aventail**
쇄자갑으로 만들어진 목 보호구. 배서닛 투구 아래쪽에 달았으며, 더 소형인 것은 아멧 투구에 달았다.

- **앨와이트 alwite**
천을 씌우지 않은 판금 갑옷. (white).

- **에스톡 estoc**
길고 단단한 검신을 가진 찌르기용 검. 잉글랜드에서는 턱(tuck)이라고도 불렀다.

- 에이글릿/금속 장식 aiglet
  장착 끈(포인트)의 끝에 달린 원추형 금속 장식(피니얼)으로, 끝이 풀리는 것을 방지하고 구멍에 쉽게 끼울 수 있도록 고안된 장치이다.

- 오트피스 haute-piece
  폴드런(견갑) 위에 직각으로 붙여 놓은 돌출 테두리.

- 워해머/전투용 망치 war-hammer
  15세기 후반에 사용된 기마 전투원의 무기. 망치 머리와 짧은 손잡이로 이루어져 있다. 기마 전투원의 곡괭이(픽)는 등 쪽에 갈고리가 달려 있다.

- 인암 enarme
  방패의 안쪽에 부착되어 방패를 고정하거나 쥘 수 있게 해주는 끈.

- 자우스트 오브 워/전쟁의 마상창시합 joust of war
  두 명의 경기자가 대전하는 승마 경기로, 끝이 날카로운 마상창을 사용한다.

- 자우스트 오브 피스/평화의 마상창시합 joust of peace
  두 명의 경기자가 대전하는 승마 경기로, 끝을 무디게 만든 마상창(랜스)을 사용한다.

- 잭 jack
  짧은 누비 상의. 여러 장의 린넨 층 또는 찌꺼기 섬유를 끼운 두 장의 층으로 이루어져 있다.

- 쥐퐁 jupon
  gipoun이라고도 쓴다. 튜닉(상의) 위에 입고 단추나 끈으로 앞을 여미는 직물 코트. 또 갑옷 위에 입는 서코트와 비슷한 형식의 옷을 지칭하기도 한다.

- 체이프/칼집 끝 장식 chape
  칼집을 보호하기 위해 칼집 끝에 씌운 금속구.

- 첼라타 celata
  얼굴 부분이 뚫려 있는 이탈리아식 샐릿 투구.

- 캐넌/완갑 cannon
  상완과 전완을 보호하기 위한 관 형태나 통 형태의 보호구. 또는 포상이나 포가 등의 지지대가 필요한 대형 화포(건)를 지칭하는 말.

- 캐퍼피 cap-à-pie
  완전 무장.「머리끝부터 발끝까지」라는 뜻.

- 캔틀/말안장의 뒤 테두리 cantle
  안장의 뒷부분.

- 커패러슨/말 장식 caparison
  말에 씌우거나 휘감는 직물 또는 사슬 갑옷(메일). 흔히 소유자 가문의 문장이 새겨져 있다.

- 케틀햇 kettle-hat
  얼굴이 드러나는 투구로, 넓은 챙이 달렸다.

- 코로넬 coronel
  끝부분이 왕관 모양으로 갈라진 마상창(랜스)의 창끝.「평화의 마상창시합(자우스트 오브 피스)」에서 한 가닥으로 된 날카로운 창끝 대신에 사용했다. 여러 개로 갈라진 창끝을 사용하면 타격의 충격을 분산시킬 수 있다.

- 코서 courser
  군마.

- 코트 오브 플레이츠 coat of plates
  몸통 보호구로, 캔버스 천으로 된 짧은

상의에 작은 금속판이 징으로 고정되어 있다. 겉면은 보통 천이나 가죽으로 덮여 있다. 페어 오브 플레이츠(pair of plates), 플레이츠(plates)라고도 한다.

- **쿠터/팔꿈치 보호대 couter**
팔꿈치를 보호하는 판금제 보호구.

- **퀴래스/동갑 cuirass**
몸통을 보호해주는 갑옷. 보통 흉갑과 배갑, 하복부 보호대(폴드)와 엉덩이 보호대(큘렛)를 말한다.

- **퀴르부이 cuir-bouilli**
물에 적시거나 끓여 형태를 잡은 후 단단하게 만든 가죽.

- **퀴스/넓적다리 보호대 cuisse**
넓적다리를 보호하는 판금제 보호구.

- **큘렛/엉덩이 보호대 culet**
갑옷 밑에 달린 판금제 보호구.

- **크러퍼 crupper**
말 엉덩이를 보호하는 판금제 방호구.

- **크리넷 crinet**
말의 목을 보호해주는 판금제 방호구.

- **클래프바이저 klappvisier**
투구 측면이 아니라 이마에 장착하는 가동식 얼굴 가리개(바이저).

- **킹 오브 암즈 king of arms**
상급 문장관(문장원 장관).

- **타바드/관복 tabard**
헐렁한 서코트. 보통 옆이 트여 있으며, 머리부터 입는다. 소매는 통이 넓고 팔꿈치까지 내려오며, 착용자의 가문 문장이 새겨져 있다. 문장관(헤럴드)은 주인의 문장이 새겨진 이와 같은 코트를 입었다.

- **태싯/허리&넓적다리 보호대 tasset**

하복부 보호대(폴드)에 매달아 착용하는 한 쌍의 작은 금속판.

- **턱 tuck**
에스톡(estoc)의 잉글랜드식 명칭.

- **토너먼트/무술대회 tournament**
원래는 두 팀으로 나뉘어 진행되는 시합을 지칭하는 말이었으나, 차츰 1대1 마상창시합, 보병 전투 등의 새로운 형식의 전투를 총칭하는 말로 사용된다.

- **투르니/단체전 tourney**
토너먼트로 진행된 마상 단체전을 뜻하는 말로, 다른 종목과 구분할 때 사용한다.

- **트래퍼 trapper**
「커패레슨(말 장식)」 항목을 참고.

- **틸트/격벽 tilt**
마상창시합(자우스트)에서 두 명의 대전자를 나누는 격벽으로, 보통 「평화의 마상창시합」에서 사용한다. 「toile(트왈)」(천이라는 뜻)이라고도 하며, 처음에는 천 칸막이였으나, 머지않아 나무 칸막이로 바뀐다.

- **펄스위번트/문장관보 pursuivant**
문장관(헤럴드)의 하위 직급에 해당하는 관료. 이들은 관복의 정면부가 옆으로 오도록 틀어 입음으로써 자신의 신분을 표시했다.

- **펄천 falchion**
정육칼과 비슷하게 생겼으며, 한쪽에만 날이 있는 작은 검.

- **페이트럴 peytral**
말의 가슴을 보호하는 판금 보호구. 간혹 쇄자갑제로 만들어지기도 했다.

- **포멜/칼자루 끝 pommel**
도검 손잡이에 달린 묵중한 끝부분. 또

는 안장 앞 테두리의 앞부분(안장 머리).

•포샤르 fauchard
긴 정육 칼과 비슷하게 생겼으며, 갈고리가 달린 긴 손잡이 무기. 손을 보호하기 위한 원반(론델)이 달려 있다. 프랑스 보병이 일반적으로 많이 사용했다.

•포인트/장착 끈 point
갑옷을 장착할 때 사용한 아마 소재의 끈이나 부드러운 가죽끈. 또는 옷을 여밀 때 사용했다.

•폴더미튼 polder-mitten
큰 조가비 모양의 판금이 달린 전완 완갑(캐넌). 팔꿈치, 팔오금, 상완의 일부를 덮으며, 「평화의 마상창시합」 때 오른팔에 착용했다.

•폴드/하복부 보호대 fauld
흉갑에 달렸으며, 하복부에 두르는 층층이 겹쳐진 형태의 보호대.

•폴드런/견갑 pauldron
가슴과 등에 매다는 판금제 어깨 보호구.

•폴액스/긴 손잡이 도끼 pollaxe
긴 손잡이 무기의 일종. 머리는 등에 망치가 달린 도끼 형태이며, 끝부분에는 뾰족한 돌기가 달렸다. 개중에는 등에 새 부리 모양 돌기(beak, 비크)가 달린 망치 형태를 한 것도 있다.

•폴레인/무릎 보호대 poleyn
무릎을 보호하는 판금제 보호구.

•폴프리 palfrey
승용으로 사용하기에 적합한 말.

•프로그마우스드 헬름
  frog-mouthed helm
바깥을 내다보는 가느다란 구멍의 아랫부분이 타격을 빗겨내기 위해 앞으로 돌출되어 있는 투구. 마상창 시합용 투구로도 알려져 있으며, 「평화의 마상창시합」에서 자주 사용되었다.

•프와르 poire
서양배 모양의 목제 또는 가죽제 완충물. 「평화의 마상창시합」에서는 서유럽식 갑옷의 흉갑 앞에 방패를 달았는데, 그 방패의 뒷면에 프와르를 달았다.

•플래카트/가슴 보호대 덮개 plackart
위장 부분을 보호하는 판금제 보호구.

•플랭커드 flanchard
말의 옆구리를 보호해주는 판금제 보호구. 드물게 사용되었다.

•하운스컬 hounskull
배서닛 투구에 장착하는 코가 뾰족한 가동식 얼굴 가리개(바이저)를 간혹 이렇게 불렀다. 빅토리아 시대의 '돼지 얼굴(pig-faced)'(철판을 덧댄) 배서닛이라는 용어의 기원이 된다.

•해크니 hackney
사람을 태우는 말.

•핸드 앤드 어 하프 소드/한손반검
  hand-and-a-half sword
바스터드 소드 항목을 참고.

•헤럴드/문장관 herald
국왕 또는 귀족 밑에서 일하는 관리 중 하나로, 주인의 문장을 달고 다녔다. 문장관은 문서를 전하고 문장을 식별하는 역할을 했다.

•헬름 helm
머리를 완전히 감싸는 큰 투구. 15세기에는 무술 대회(토너먼트)에서만 사용했다.

# 참고 문헌

- Barber, Richard, *The Knight and Chivalry*, Longman Group Ltd(London, 1970)
- Barber, Richard, and Barker, Juliet, *Tournaments: Jousts Chivalry and Pageants in the Middle Ages*, The Boydell Press(Woodbridge, 1989)
- Bellamy, J.G., *Bastard Feudalism and the Law*, Routledge(London, 1989)
- Blair, Claude, *European Armour*, B.T.Batsford Ltd(London, 1958)
- Boardman, Andrew W., *The Medieval Soldier in the War of the Roses*, Sutton Publishing Ltd(Stroud, 1998)
- Boccia, Linello Giorgio, *La Armature di S. Maria delle Grazie di Curtatone di Mantova e L'Armatura Lombarda del '400*, Bramante Editrice(Busto Arsizio, 1982)
- Bradbury, J., *The Medieval Archer*, The Boydell Press(Woodbridge, 1985)
- Bradbury, J., *The Medieval Siege*, The Boydell Press(Woodbridge, 1992)
- Burgess, E. Martin, 'The Mail-Maker's Technique', Antiquaries Journal XXXIII pp.48-55(London, 1953)
- Burgess, E. Martin, 'Further research into the construction of mail garments', Antiquaries Journal XXXIII pp.193-202(London, 1953)
- Contamine, Philippe, *War in the Middle Ages*(trans Jones, Michael), Basil Blackwell Ltd(Oxford, 1984)
- Cunnington, C. Willett and Phillis, *Handbook of English Mediaeval Costume*, Faber & Faber Ltd(London, 1969)
- Curry, Anne, and Hughes, Michael, *Arms, Armies and Fortifications in the Hundred Years War*, the Boydell Press(Woodbridge, 1994)
- Davis, R.H.C., *the Medieval Warhorse*, Thames & Hudson Ltd(London, 1989)
- Dufty, R., and Read, W., *European Armour in the Tower of London*, HMSO(London, 1968)
- Edge, David, and Paddock, John Miles, *Arms and Armour of the Medieval Knight*, Bison Books Ltd(London, 1988)
- Embleton, Gerry, and Howe, John, *The Medieval Soldier*, Windrow & Greene Ltd(London, 1994)
- Fiorato, Veronica, Boylton, Anthea and Knüsel, Christopher, *Blood Red Roses*,

Oxbow Books(Oxford,2000)
- Foss, Michael, *Chivalry*, Michael Joseph Ltd(London, 1975)
- Gies, Frances, *the Knight in History*, Robert Hale Ltd(London, 1986)
- Gravett, Christopher and Breckon, Brett, *The World of the Medieval Knight*, MacDonald Young Books(Hove, 1996)
- Haigh, P.A., *The Military Campaigns of the Wars of th Roses*, Sutton Publishing Ltd(Stroud, 1995)
- Keegan, J., *The Face of Battle*, Pimlico(1991)
- Keen, Maurice, *Chivalry*, Yale University Press(London, 1984)
- Koch, H.W., *Medieval Warfare*, Bison Books Ltd(London, 1978)
- Lander, J.R., *The Wars of the Roses*, Secker & Warburg (London, 1965)
- Mann, Sir James, *Wallace Collection Catalogues. European Arms and Aromour*, 2 vols., The Trustees of the Wallace Collection(London, 1962)
- Myers, R.A., *The household of Edward IV*, Manchester University Press(Manchester, 1959)
- Nicolas, Sir Harris, *Wardrobe Accounts of Edward IV*, W. Pickering (London, 1830)
- Nicolas, Sir Harris, *The History of Battle of Agincourt*(Facsimile of 1833 edition), H. Pordes(London, 1971)
- Norman, A.V.B., *Wallace Collection Catalogues. European Arms and Aromour Supplement.* (London, 1986)
- Norman A.V.B. and Pottinger, Don, *English Weapons and Warfare 449-1660*, Arms & Armour Press(London, 1979)
- Oakeshott, R.Ewart, *The Sword in the Age of Chivalry*, Lutterworth Press(London, 1964)
- Pfaffenbichler, Matthias, *Aromourers*, British Museum Press(London, 1992)
- Prestwich, M., *Armies and Warfare in the Middle Ages*, Yale University Press(London, 1996)
- Rudorff, Raymond, *The Knights and their World*, Cassel & Co. Ltd(London, 1974)
- Thompson, M.W., *The Decline of the Castle*, Cambridge University Press(Cambridge, 1987)
- Turnbull, Stephen, *The Book of the Medieval Knight*, Arms & Armour Press(London, 1985)

# 색인

## 인명

### ㄱ
가웨인(Gawain) 132
갤러해드(Galahad) 8, 131
글로스터 공작 험프리(Humphrey,
　　Duke of Gloucester) 90, 129

### ㄴ
나바르의 조안(Joan of Navarre) 136
노섬벌랜드의 헨리
　　(Henry of Northumberland) 153

### ㄷ
도싯 백작 토머스(Thomas,
　　Earl of Dorset) 89

### ㄹ
라몬 륄(Raimon Llull) 126, 131
랄프 그레이(Ralph Grey) 130
랜슬롯(Lancelot) 8, 131, 132
로버트 하코트(Robert Harcourt) 57, 59, 70
리처드 3세(Richard III) 11, 83,
　　97, 99, 152, 153

리처드 네빌(Richard Neville)
　　61, 80, 99, 112, 150
리처드 스태퍼드(Richard Stafford) 57
리처드 턴스톨(Richard Tunstall) 152

### ㅁ
미셸 도리스(Michel d'Oris) 143

### ㅂ
베드퍼드 공작 존
　　(John, duke of Bedford) 92
보니파시우스 드 프로바나
　　(Bonifacius de Provana) 87
부르고뉴의 바스터드
　　(Bastard of Burgundy) 136, 143

### ㅅ
샤를 1세(Charles Ⅰ) 담대공 136
샤를 7세(Charles VII) 79, 143
샤를마뉴(Charlemagne) 131
서머싯 공작 에드먼드 보퍼트(Edmund
　　Beaufort, Duke of Somerset) 83
서퍽 공작 윌리엄 드 라 폴(William de
　　la Pole, Duke of Suffolk) 57
성 조지(St George) 122

솔즈베리 백작 리처드 네빌(Richard Neville, Earl of Warwick)　150
솔즈베리 백작 토머스(Thomas Montacute, Earl of Salisbury)　89

■ ㅇ

앙주의 마거릿(Margaret of Anjou)　79
앤서니 스케일스 경
　(Lord Anthony Scales)　97
앤서니 우드빌(Anthony Woodville)
　97, 143
에드먼드 오브 요크(Edmund of York) 10
에드워드 3세(Edward III)　9, 10, 114, 129, 153
에드워드 4세(Edward IV)　11, 61, 62, 83, 95, 97, 98, 99, 104, 107, 111, 126, 130, 136, 139, 143, 145, 152, 153
에드워드 5세(Edward Ⅴ)　11
에드워드 흑태자
　(Edward the Black Prince)　129
엘리자베스 우드빌(Elizabeth Woodville)
　61, 97, 139
오비디우스(Publius Ovidius Naso)　9
요크 공작 리처드(Richard, Duke of York)
　97, 104, 136
요크의 마거릿(Margaret of York)　136
윌리엄 브래드워딘
　(William Bradwardyn)　145
윌리엄 우스터(William Worcester)　17
윌리엄 캑스턴(William Caxton)　13
윌리엄 헤이스팅스 경
　(Lord William Hastings)　97

■ ㅈ

존 그레즐리(John Greseley)　89
존 노버리(John Norbury)　87, 97
존 애스틀리(John Astley)　143
존 오브 곤트(John of Gaunt)　111, 153
존 우드빌(John Woodville)　139
존 일비(John Irby)　88
존 크레시(John Cressy)　39
존 패스턴(John Paston)　9, 40, 100
존 패스톨프(John Fastolf) 17, 68, 98, 100
존 프렌더가스트(John Prendergast) 143
질베르 드 라 아이(Gilbert de la Haye) 131

■ ㅋ

크리스틴 드 피장(Christine de Pizan)
　13, 38, 103
클레브의 아돌프(Adolf of Cleves)　137
클리퍼드 경(Lord Clifford)　80

■ ㅌ

토머스 맬러리(Sir Thomas Malory) 7, 131
토머스 모레스티드(Thomas Morestede)
　145
토머스 크롬웰(Thomas Cromwell)　129
토머스 턴스톨(Thomas Tunstall)　89

■ ㅍ

피에르 드 마시(Piers de Massy)　143
필리프 선량공(Philip the Good)　129
필립 보일(Philip Boyle)　143

## ■ ㅎ

험프리 스태퍼드(Humphrey Stafford) 57, 59
헨리 4세(Henry IV)　　10, 92, 112, 129,
　　　　　　　　　　　136, 141, 153
헨리 5세(Henry V)　　10, 36, 37, 42, 46,
　　　　54, 76, 87, 88, 90, 92, 100, 104,
　　　　127, 129, 141, 145, 146, 153
헨리 6세(Henry VI)　　10, 14, 57, 79, 92,
　　　　　　　　　　99, 143, 145, 153
헨리 7세(Henry VII)　　　　　　11, 153
헨리 튜더(Henry Tudor)　　　　　　153

## 용어

## ■ ㄱ

가뉴팽(gaignepain)　　　　　　　　76
가드 오브 더 뱀브레이스(guard-of-the-
　　vambrace)　　　　　　　　　65
가슴 보호대 덮개　　　　21, 68, 151
가터(Garter) 기사단　　　　　　　129
갑옷 장착용 내의(아밍 더블릿,
　　arming doublet)　　　20, 69, 84
거싯(gusset)　　　　　21, 25, 84, 94
걸쇠(hasp, 해스프)　　　　　　　75
검신　　　　　　　　　41, 43, 70
견갑 보강판(가드브레이스, gardbrace)
　　　　　　　　　　　　　28, 65
견갑(폴드런, pauldron)　　　28, 29,
　　　　30, 31, 32, 39, 65, 76, 86
견개(스폴더, spaulder)　　　　　32
계약병사단(컴퍼니, company)　　87
고정쇠(스테이플, staple)　21, 33, 35, 46,
　　　　　　54, 64, 65, 69, 75, 76, 77, 151
곧게 세워진 칼라　　　　27, 56, 73
공성 병기　　　　　　　　　　110
공성 사다리(스케일링 래더, scaling
　　ladder)　　　　　　　　　110
공성 창고(셰드, shed)　　　　　110
관복(타바드, tabard)　　　　80, 123
군기(스탠더드, standard)　　116, 122
궁병　　　52, 79, 86, 88, 89, 90, 92,
　　　　97, 99, 102, 104, 109, 114,
　　　　　115, 118, 120, 145
귀자름(guisarme)　　　　　　　45
그랜드가드(grand-guard)　　　　77
그레이트 배서닛 투구(Great basinet)
　　33, 34, 44, 51, 52, 53, 123, 138, 139
글레이브(glaive)　　　　　　　　45
금속 장식(에이글릿, aiglet)　　21, 43
기기사(배너릿, banneret)　　　90, 221
기마 원정　　　　　　　　　　102
기사 서임　　　　　　　　　12, 15
기사도(시벌리, chivalry)　　　13, 105,
　　　　109, 125, 126, 127, 129, 131,
　　　　132, 133, 135, 141, 153
기수(배너 베어러, banner-bearer)　122
긴 손잡이 도끼(폴랙스, pollaxe)
　　　　　45, 52, 67, 77, 94, 120
긴 손잡이 무기(스태프 웨폰,
　　staff weapon)　　　　　　　99
꼭지쇠(로켓, locket)　　　　　42, 43

## ■ ㄴ

나이프(knife)　　　　　　　　43, 72
넓적다리 보호대(퀴스, cuisse)　　27, 28,
　　　　29, 30, 66, 86, 91, 96

색인 165

네빌(Neville) 가문 112
노르망디(Normandy) 57, 90, 91, 92, 105
노퍽(Norfolk) 공작 98

■ ㄷ

대침(바드킨, bodkin) 43
대포 83, 98, 100, 109, 110
대형 날밑(뱀플레이트, vamplate) 43, 77
데스트리어(destrier) 45, 47
도검 17, 32, 39, 41, 42, 115, 118, 135
돌출 테두리(스톱립, stop-rib) 39, 65
동 합금(래튼, latten) 45, 73
동갑(퀴래스, cuirass) 21, 29, 77
등자(스티럽, Stirrup) 46, 72

■ ㄹ

라운시(rouncy) 47
랜스(lance) 17, 75, 76, 85, 88, 114, 118, 122, 133
러틀랜드(Rutland) 백작 80, 152
럼프가드(rump-guard) 22, 29
론델 대거(rondel dagger) 43, 54, 72
론선(ronson) 47
리카소(ricasso) 41

■ ㅁ

마상창(랜스, lance) 17, 43, 75, 76, 77, 114, 118, 122, 133, 134, 135, 137, 140, 143, 146
말 장식(트래퍼, trapper) 72, 144
매니퍼(manifer) 75, 134

목 덮개(고짓, gorget) 33, 35, 54, 101
목 쇠사슬 드리움(애번테일, aventail) 32, 53, 121
무릎 보호대(폴레인, poleyn) 27, 28, 30, 66, 68
무술 대회(토너먼트, tournament) 15, 17, 29, 36, 72, 105, 125, 131, 133, 135, 140
문장관(헤럴드, herald) 121, 136, 143, 150
미늘(바브, barb) 7, 26, 116, 148

■ ㅂ

바넷(Barnet) 전투 99, 145, 152
바넷(Barnet) 152, 153
바드킨(bodkin) 43, 51, 118
바벗(barbut) 19, 63, 69
바스터드 소드(bastard sword) 41
바스터드 퓨덜리즘(bastard feudalism) 85
박차(스퍼, spur) 32, 54, 72, 130
발걸이(스티럽, Stirrup) 27. 68, 73
발 받침(풋레스트, footrest) 72
발록 나이프(ballock knife) 43
발록 대거(ballock dagger) 72
방패 12, 15, 35, 36,52, 70, 76, 101, 118, 119, 122, 140
방호판(베세주, besagew) 32, 44, 68, 76
배갑(백플레이트, backplate) 22, 24, 34, 63, 72
배서닛 투구(basinet) 32, 33, 34, 44, 51, 52, 53, 94, 101, 116, 123, 138, 139
백 년 전쟁 8, 9, 57
밸버드(halberd) 45

버너스(Berners) 경 131
베르뇌유(Verneuil) 90, 100
벽(틸트, Tilt) 133, 135
변경 영주(마처, marcher) 112
보넷(bonnet) 62
보스워스(Bosworth) 11, 99, 153
보조 턱 보호대(래퍼, wrapper) 35, 65
보퍼트(Beaufort)일족 153
볼록 소매(마오와트르, mahoitres) 73
브리건딘(brigandine) 72, 75, 77, 80, 117
빌(bill) 45, 101
빌병(빌맨, billman) 99
뺨받이(치크피스, cheek-pieces) 34, 65

■ ㅅ

사권 박탈 152
삽입용 막대 110
상완갑(어퍼 캐넌, upper cannon) 25, 30, 31
샐릿 투구 33, 34, 35, 40, 66, 68, 69, 70, 80, 117, 151
샤프론(shaffron) 51, 115
샤프롱(chaperon) 56
서자 봉건제 85
서퍽(Suffolk) 공작 57
손가락 보호구(너클 가드, knuckle guard) 42
솔즈베리(Salisbury) 백작 80, 89, 99, 150, 152
쇄자갑(메일, mail) 7, 18, 21, 22, 25, 27, 29, 32, 52, 64, 71, 73, 84, 94, 101, 118
쇠장갑(건틀릿, Gauntlet) 19, 30, 32, 54, 66, 69, 75, 96

수포 101, 118
스미스필드(Smithfield) 140, 143
스케일스(Scales) 경 97, 136, 137, 143, 144
슴베(탱, tang) 70

■ ㅇ

아 우트란스(à outrance) 133, 140
아멧 투구(armet) 34, 64, 69, 75, 77, 117, 134
아밍 소드(arming sword) 42, 53, 54, 70
아밍 포인트(arming point) 28, 84
아쟁쿠르(Agincourt) 전투 37, 51, 114, 115, 128
아케톤(aketon) 20
안장 15, 37, 38, 44, 46, 72, 76, 133, 152
안장 틀(아르송, arçon) 72
알슈피스(ahlespiess) 72, 94
야당(피드맨, feed man) 97
얼굴 가리개(바이저, visor) 33, 34, 52, 65, 75, 81, 91, 117, 119, 124, 134
엉덩이 보호대(퀼렛, culet) 19, 22, 29
SS목걸이 54
연장판(랑겟, langet) 45
영주민 병사(밀리티아, militia) 99
올(orle) 53
완갑(캐넌, cannon) 22, 25, 65, 76
완개(뱀브레이스, vambrace) 25, 26, 30, 69
요크(York) 공작 10, 11, 37, 68, 80, 97, 104, 111, 112, 136, 150, 152
우드빌(Woodville) 일족 61, 62
워릭(Warwick) 백작 61, 62, 80, 99,

색인 167

136, 139, 142, 152
원형 설치물(그레이퍼, graper)   43, 76
웨이스트코트(waistcoat)   62
웨이크필드(Wakefield) 전투   79, 104, 112, 150
웨일스 왕자(Prince of Wales)   83
유사 봉건제   85, 153
은총의 일격(쿠 드 그라스, coup de grace)   127
이졸데(Iseult)   132
임의의 마상창시합(자우스트 앳 랜덤, joust at landom)   135

■ ㅈ

자유로운 마상창시합(자우스트 앳 라지, joust at large)   77, 135
장갑병   51, 86, 88, 89, 90, 91, 92, 93, 97, 99, 114, 116, 120, 127
장궁   13, 51, 86, 150
장미 전쟁   7, 8, 11, 88, 95, 99, 100, 102, 104, 107, 112, 120, 127, 150, 153
장식용 징   22, 32
장착 끈(포인트, point)   21, 23, 24, 25, 27, 29, 31, 32, 68, 69, 73, 75
잭(jack)   81
전완갑(로어 캐넌, lower cannon)   30, 31
전위(뱅가드, vanguard)   120
전쟁의 검(소드 오브 워, swords of war)   41
전쟁의 마상창시합(자우스트 오브 워, joust of war)   77, 133, 137, 140
전투 깃발(배너, banner)   121, 122
전투단(배틀, battle)   120
전투용 곤봉(메이스, mace)   44,

52, 69, 83
전투용 망치(워해머, war-hammer)   44, 52, 70, 124
정강이 보호대(그리브, greave)   27, 28, 30, 64, 66
제복(리버리, livery)   80, 93, 95, 122
종기사(에스콰이어, esquire)   12, 13, 39, 86, 88, 89, 90, 93, 95, 97, 99, 126, 127, 131, 143
종자(발릿, varlet)   12, 45, 47, 88, 89, 94, 105
주력(메인 배틀, main battle)   120
쥐풍(jupon)   51, 121
지프시에르(gypcière)   61
짐말(섬프터, sumpter)   47

■ ㅊ

창 과녁(퀸튼, quintain)   15
창 받침(랜스레스트, lance rest)   21, 43, 64, 77, 119, 151
창기(페넌, pennon)   122
철 신발(사바톤, sabaton)   27, 68

■ ㅋ

칼자루 끝(포멜, pommel)   41, 43, 54, 69, 70
칼집   41, 42, 43, 70
칼집 끝 장식(체이프, chape)   42
캐퍼피(capàpie)   37
코로넬(coronel)   76
코서(courser)   47
코트 오브 플레이츠(coat of plates)   7, 18, 20

코트아르디(cotehardie)　　　54, 62
퀸스 칼리지(Queen's college)　　153
크레시(Crécy) 전투　　　　114
킹메이커(kingmaker)　　61, 80, 99,
　　　　　　　　　　112, 145, 152

■ ㅌ

타우턴(Towton) 전투　54, 104, 149
턱 보호대(비버, bevor)　　33, 34,
　　　　　　35, 54, 65, 116, 151
톱니 모양 절취선 증서(인덴쳐,
　　indenture)　　　　　85, 145
톱니바퀴 모양 박차(라우얼 스퍼,
　　Rowel spur)　　　　　54
투구 장착용 모자(아밍 캡, arming cap)
　　　　　　　　　　　　35
투르니(tourney)　17, 77, 135, 138, 139
투석기　　　　　　　　　110
튜크스베리(Tewkesbury) 전투　83
트리스트람(Tristram)　　　132


■ ㅍ

파스가드(pasguard)　　　　77
판금 판(라메, lame)　27, 65, 66, 68
팔꿈치 보호대(쿠터, couter)　25,
　　　　30, 31, 44, 65, 69, 77, 91, 151
팔톡(paltock)　　　　　　56
퍼시(Percy) 가문　　　　　112
페티코트(petticoat)　　　　62
평화의 마상창시합(자우스트 오브 피스,
　　joust of peace) 75, 76, 133, 134, 146
폴더미튼(polder-mitten)　76, 134
폴프리(palfrey)　　　　　　47

푸아티에(Poitiers) 전투　　119
푸아티에(Poitiers)　　　10, 119
프로그마우스드 헬름(frog-mouthed
　　helm)　　　　　　　75
프와르(poire)　　　　　　76
플레이츠(plates)　　　　18, 20
필드 아머(field armor)　　75, 77


■ ㅎ

하복부 보호대(폴드, fauld)　18, 29,
　　　　30, 43, 44, 51, 52, 63, 70, 96
한손반검(핸드 앤드 어 하프 소드,
　　hand-and-a-half sword)　41
해크니(hackney)　　　　　47
핵(hack)　　　　　　　　47
허리&넓적다리 보호대(태싯, tasset)
　　　　　　　29, 30, 86, 96
헤이스팅스(Hastings) 경　　97
헬름(Helm)　17, 44, 75, 76, 142, 146
호스(hose)　　　23, 56, 62, 73, 84
호종(리테이너, retainer)　87, 93, 95, 96,
　　　　97, 99, 106, 109, 112, 122, 145, 150
홈(풀러, fuller)　　　　41, 68, 75
화살대(샤프트, shaft)　　51, 109
화살촉(헤드, head)　　116, 118, 148
화약　　　　　　100, 109, 110
활(애로, arrow)　13, 83, 114, 118
후위(리어가드, rearguard)　120
후케(huke)　　　　　　　62
후플란드(houppelande)　54, 55, 56, 61
흉갑　　　　　20, 22, 29, 51, 52, 63,
　　　　64, 68, 69, 75, 76, 77, 121, 151
흉갑판(브레스트플레이트, breastplate)
　　　　　18, 30, 34, 35, 43, 106

# 영국 **중세 기사**의 세계
-은백의 장갑병들-

초판 1쇄 인쇄 2025년 11월 10일
초판 1쇄 발행 2025년 11월 15일

저자 : 크리스토퍼 그레이벳
채색화 : 그레이엄 터너
번역 : 김진희

펴낸이 : 이동섭
편집 : 이민규
디자인 : 조세연
기획 · 편집 : 송정환, 박소진
영업 · 마케팅 : 조정훈
e-BOOK : 홍인표, 김은혜, 정희철
라이츠 : 서찬웅
관리 : 이윤미

㈜에이케이커뮤니케이션즈
등록 1996년 7월 9일(제302-1996-00026호)
주소 : 08513 서울특별시 금천구 디지털로 178, B동 1805호
TEL : 02-702-7963~5 FAX : 0303-3440-2024
http://www.amusementkorea.co.kr

ISBN 979-11-274-9668-5 03920

Warrior 35 English Medieval Knight 1400-1500
Christopher Gravett
Graham Turner
© Osprey Publishing, 2001.
This translation of English Medieval Knight 1400-1500 is published by
AK Communications by arrangement with Bloomsbury Publishing Plc.

이 책의 한국어판 저작권은 Bloomsbury Publishing Plc.와의 독점계약으로
㈜에이케이커뮤니케이션즈에 있습니다.
저작권법에 의해 한국 내에서 보호를 받는 저작물이므로 무단전재와 무단복제를 금합니다.

*잘못된 책은 구입한 곳에서 무료로 바꿔드립니다.

창작을 위한 자료집
# AK 트리비아 시리즈

## -AK TRIVIA BOOK

**No. 01 도해 근접무기**
오나미 아츠시 지음 | 이창협 옮김
검, 도끼, 창, 곤봉, 활 등 냉병기에 대한 개설

**No. 02 도해 크툴루 신화**
모리세 료 지음 | AK커뮤니케이션즈 편집부 옮김
우주적 공포인 크툴루 신화의 과거와 현재

**No. 03 도해 메이드**
이케가미 료타 지음 | 코트랜스 인터내셔널 옮김
영국 빅토리아 시대에 실존했던 메이드의 삶

**No. 04 도해 연금술**
쿠사노 타쿠미 지음 | 코트랜스 인터내셔널 옮김
'진리'를 위해 모든 것을 바친 이들의 기록

**No. 05 도해 핸드웨폰**
오나미 아츠시 지음 | 이창협 옮김
권총, 기관총, 머신건 등 개인 화기의 모든 것

**No. 06 도해 전국무장**
이케가미 료타 지음 | 이재경 옮김
무장들의 활약상, 전국시대의 일상과 생활

**No. 07 도해 전투기**
가와노 요시유키 지음 | 문우성 옮김
인류의 전쟁사를 바꾸어놓은 전투기를 상세 소개

**No. 08 도해 특수경찰**
모리 모토사다 지음 | 이재경 옮김
실제 SWAT 교관 출신의 저자가 소개하는 특수경찰

**No. 09 도해 전차**
오나미 아츠시 지음 | 문우성 옮김
지상전의 지배자이자 절대 강자 전차의 힘과 전술

**No. 10 도해 헤비암즈**
오나미 아츠시 지음 | 이재경 옮김
무반동총, 대전차 로켓 등의 압도적인 화력

**No. 11 도해 밀리터리 아이템**
오나미 아츠시 지음 | 이재경 옮김
군대에서 쓰이는 군장 용품을 완벽 해설

**No. 12 도해 악마학**
쿠사노 타쿠미 지음 | 김문광 옮김
악마학 발전 과정을 한눈에 알아볼 수 있게 구성

**No. 13 도해 북유럽 신화**
이케가미 료타 지음 | 김문광 옮김
북유럽 신화 세계관의 탄생부터 라그나로크까지

**No. 14 도해 군함**
다카하라 나루미 외 1인 지음 | 문우성 옮김
20세기 전함부터 항모, 전략 원잠까지 해설

**No. 15 도해 제3제국**
모리세 료 외 1인 지음 | 문우성 옮김
아돌프 히틀러 통치하의 독일 제3제국 개론서

**No. 16 도해 근대마술**
하니 레이 지음 | AK커뮤니케이션즈 편집부 옮김
마술의 종류와 개념, 마술사, 단체 등 심층 해설

*No. 17*     도해 우주선
  모리세 료 외 1인 지음 | 이재경 옮김
  우주선의 태동부터 발사, 비행 원리 등의 발전 과정

*No. 18*     도해 고대병기
  미즈노 히로키 지음 | 이재경 옮김
  고대병기 탄생 배경과 활약상, 계보, 작동 원리 해설

*No. 19*     도해 UFO
  사쿠라이 신타로 지음 | 서형주 옮김
  세계를 떠들썩하게 만든 UFO 사건 및 지식

*No. 20*     도해 식문화의 역사
  다카하라 나루미 지음 | 채다인 옮김
  중세 유럽을 중심으로, 음식문화의 변화를 설명

*No. 21*     도해 문장
  신노 케이 지음 | 기미정 옮김
  역사와 문화의 시대적 상징물, 문장의 발전 과정

*No. 22*     도해 게임이론
  와타나베 타카히로 지음 | 기미정 옮김
  알기 쉽고 현실에 적용할 수 있는 입문서

*No. 23*     도해 단위의 사전
  호시다 타다히코 지음 | 문우성 옮김
  세계를 바라보고, 규정하는 기준이 되는 단위

*No. 24*     도해 켈트 신화
  이케가미 료타 지음 | 곽형준 옮김
  켈트 신화의 세계관 및 전설의 주요 인물 소개

*No. 25*     도해 항공모함
  노가미 아키토 외 1인 지음 | 오광웅 옮김
  군사력의 상징이자 군사기술의 결정체, 항공모함

*No. 26*     도해 위스키
  츠치야 마모루 지음 | 기미정 옮김
  위스키의 맛을 한층 돋워주는 필수 지식이 가득

*No. 27*     도해 특수부대
  오나미 아츠시 지음 | 오광웅 옮김
  전장의 스페셜리스트 특수부대의 모든 것

*No. 28*     도해 서양화
  다나카 쿠미코 지음 | 김상호 옮김
  시대를 넘어 사랑받는 명작 84점을 해설

*No. 29*     도해 갑자기 그림을 잘 그리게 되는 법
  나카야마 시게노부 지음 | 이연희 옮김
  멋진 일러스트를 위한 투시와 원근법 초간단 스킬

*No. 30*     도해 사케
  키미지마 사토시 지음 | 기미정 옮김
  사케의 맛을 한층 더 즐길 수 있는 모든 지식

*No. 31*     도해 흑마술
  쿠사노 타쿠미 지음 | 곽형준 옮김
  역사 속에 실존했던 흑마술을 총망라

*No. 32*     도해 현대 지상전
  모리 모토사다 지음 | 정은택 옮김
  현대 지상전의 최첨단 장비와 전략, 전술

*No. 33*     도해 건파이트
  오나미 아츠시 지음 | 송명규 옮김
  영화 등에서 볼 수 있는 건 액션의 핵심 지식

*No. 34*     도해 마술의 역사
  쿠사노 타쿠미 지음 | 김진아 옮김
  마술의 발생시기와 장소, 변모 등 역사와 개요

*No. 35*     도해 군용 차량
  노가미 아키토 지음 | 오광웅 옮김
  맡은 임무에 맞추어 고안된 군용 차량의 세계

*No. 36*     도해 첩보·정찰 장비
  사카모토 아키라 지음 | 문성호 옮김
  승리의 열쇠 정보! 첩보원들의 특수장비 설명

*No. 37*     도해 세계의 잠수함
  사카모토 아키라 지음 | 류재학 옮김
  바다를 지배하는 침묵의 자객, 잠수함을 철저 해부

*No. 38*     도해 무녀
  토키타 유스케 지음 | 송명규 옮김
  한국의 무당을 비롯한 세계의 샤머니즘과 각종 종교

**No. 39　도해 세계의 미사일 로켓 병기**
사카모토 아키라 | 유병준·김성훈 옮김
ICBM과 THAAD까지 미사일의 모든 것을 해설

**No. 40　독과 약의 세계사**
후나야마 신지 지음 | 진정숙 옮김
독과 약의 역사, 그리고 우리 생활과의 관계

**No. 41　영국 메이드의 일상**
무라카미 리코 지음 | 조아라 옮김
빅토리아 시대의 아이콘 메이드의 일과 생활

**No. 42　영국 집사의 일상**
무라카미 리코 지음 | 기미정 옮김
집사로 대표되는 남성 상급 사용인의 모든 것

**No. 43　중세 유럽의 생활**
가와하라 아쓰시 외 1인 지음 | 남지연 옮김
중세의 신분 중「일하는 자」의 일상생활

**No. 44　세계의 군복**
사카모토 아키라 지음 | 진정숙 옮김
형태와 기능미가 절묘하게 융합된 군복의 매력

**No. 45　세계의 보병장비**
사카모토 아키라 지음 | 이상언 옮김
군에 있어 가장 기본이 되는 보병이 지닌 장비

**No. 46　해적의 세계사**
모모이 지로 지음 | 김효진 옮김
다양한 해적들이 세계사에 남긴 발자취

**No. 47　닌자의 세계**
야마키타 아츠시 지음 | 송명규 옮김
온갖 지혜를 짜낸 닌자의 궁극의 도구와 인술

**No. 48　스나이퍼**
오나미 아츠시 지음 | 이상언 옮김
스나이퍼의 다양한 장비와 고도의 테크닉

**No. 49　중세 유럽의 문화**
이케가미 쇼타 지음 | 이은수 옮김
중세 세계관을 이루는 요소들과 실제 생활

**No. 50　기사의 세계**
이케가미 슌이치 지음 | 남지연 옮김
기사의 탄생에서 몰락까지, 파헤치는 역사의 드라마

**No. 51　영국 사교계 가이드**
무라카미 리코 지음 | 문성호 옮김
빅토리아 시대 중류 여성들의 사교 생활

**No. 52　중세 유럽의 성채 도시**
가이하쓰샤 지음 | 김진희 옮김
궁극적인 기능미의 집약체였던 성채 도시

**No. 53　마도서의 세계**
쿠사노 타쿠미 지음 | 남지연 옮김
천사와 악마의 영혼을 소환하는 마도서의 비밀

**No. 54　영국의 주택**
야마다 카요코 외 지음 | 문성호 옮김
영국 지역에 따른 각종 주택 스타일을 상세 설명

**No. 55　발효**
고이즈미 다케오 지음 | 장현주 옮김
미세한 거인들의 경이로운 세계

**No. 56　중세 유럽의 레시피**
코스트마리 사무국 슈 호카 지음 | 김효진 옮김
중세 요리에 대한 풍부한 지식과 요리법

**No. 57　알기 쉬운 인도 신화**
천축 기담 지음 | 김진희 옮김
강렬한 개성이 충돌하는 무아와 혼돈의 이야기

**No. 58　방어구의 역사**
다카히라 나루미 지음 | 남지연 옮김
방어구의 역사적 변천과 특색·재질·기능을 망라

**No. 59　마녀 사냥**
모리시마 쓰네오 지음 | 김진희 옮김
르네상스 시대에 휘몰아친 '마녀사냥'의 광풍

**No. 60　노예선의 세계사**
후루가와 마사히로 지음 | 김효진 옮김
400년 남짓 대서양에서 자행된 노예무역

### No. 61 말의 세계사
모토무라 료지 지음 | 김효진 옮김
역사로 보는 인간과 말의 관계

### No. 62 달은 대단하다
사이키 가즈토 지음 | 김효진 옮김
우주를 향한 인류의 대항해 시대

### No. 63 바다의 패권 400년사
다케다 이사미 지음 | 김진희 옮김
17세기에 시작된 해양 패권 다툼의 역사

### No. 64 영국 빅토리아 시대의 라이프 스타일
Cha Tea 홍차 교실 지음 | 문성호 옮김
영국 빅토리아 시대 중산계급 여성들의 생활

### No. 65 영국 귀족의 영애
무라카미 리코 지음 | 문성호 옮김
영애가 누렸던 화려한 일상과 그 이면의 현실

### No. 66 쾌락주의 철학
시부사와 다쓰히코 지음 | 김수희 옮김
쾌락주의적 삶을 향한 고찰과 실천

### No. 67 에로만화 스터디즈
나가야마 카오루 지음 | 선정우 옮김
에로만화의 역사와 주요 장르를 망라

### No. 68 영국 인테리어의 역사
트레버 요크 지음 | 김효진 옮김
500년에 걸친 영국 인테리어 스타일

### No. 69 과학실험 의학 사전
아루마 지로 지음 | 김효진 옮김
기상천외한 의학계의 흑역사 완전 공개

### No. 70 영국 상류계급의 문화
아라이 메구미 지음 | 김정희 옮김
어퍼 클래스 사람들의 인상과 그 실상

### No. 71 비밀결사 수첩
시부사와 다쓰히코 지음 | 김수희 옮김
역사의 그림자 속에서 활동해온 비밀결사

### No. 72 영국 빅토리아 여왕과 귀족 문화
무라카미 리코 지음 | 문성호 옮김
대영제국의 황금기를 이끌었던 여성 군주

### No. 73 미즈키 시게루의 일본 현대사 1~4
미즈키 시게루 지음 | 김진희 옮김
서민의 눈으로 바라보는 격동의 일본 현대사

### No. 74 전쟁과 군복의 역사
쓰지모토 요시후미 지음 | 김효진 옮김
풍부한 일러스트로 살펴보는 군복의 변천

### No. 75 흑마술 수첩
시부사와 다쓰히코 지음 | 김수희 옮김
악마들이 도사리는 오컬티즘의 다양한 세계

### No. 76 세계 괴이 사전 현대편
아사자토 이츠키 지음 | 현정수 옮김
세계 지역별로 수록된 방대한 괴담집

### No. 77 세계의 악녀 이야기
시부사와 다쓰히코 지음 | 김수희 옮김
악녀의 본성과 악의 본질을 파고드는 명저

### No. 78 독약 수첩
시부사와 다쓰히코 지음 | 김수희 옮김
역사 속 에피소드로 살펴보는 독약의 문화사

### No. 79 미즈키 시게루의 히틀러 전기
미즈키 시게루 지음 | 김진희 옮김
거장이 그려내는 히틀러 56년의 생애

### No. 80 이치로 사고
고다마 미쓰오 지음 | 김진희 옮김
역경을 넘어서는 일류의 자기관리

### No. 81 어떻게든 되겠지
우치다 다쓰루 지음 | 김경원 옮김
우치다 다쓰루의 '자기다움'을 위한 인생 안내

### No. 82 태양왕 루이 14세
사사키 마코토 지음 | 김효진 옮김
루이 14세의 알려지지 않은 실상을 담은 평전

### No. 83 이탈리아 과자 대백과
사토 레이코 지음 | 김효진 옮김
전통과 현대를 아우르는 이탈리아 명과 107선

### No. 84 유럽의 문장 이야기
모리 마모루 지음 | 서수지 옮김
유럽 문장의 판별법과 역사를 이해

### No. 85 중세 기사의 전투기술
제이 에릭 노이즈, 마루야마 무쿠 지음 | 김정규 옮김
검술 사진으로 알아보는 기사의 전투 기술

### No. 86 서양 드레스 도감
리디아 에드워즈 지음 | 김효진, 이지은 옮김
유럽 복식사 500년을 장식한 드레스

### No. 87 발레 용어 사전
도미나가 아키코 지음 | 김효진 옮김
일러스트를 곁들여 흥미롭게 들려주는 발레 이야기

### No. 88 세계 괴이 사전 전설편
에이토에후 지음 | 현정수 옮김
세계 곳곳에서 전해지는 신비한 전설!

### No. 89 중국 복식사 도감
류용화 지음 | 김효진 옮김
중국 복식의 역사를 한 권에 담은 최고의 입문서!

### No. 90 삼색 고양이 모부는 캔 부자가 되고 싶어
쿠로야마 캐시 램 지음 | 조아라 옮김
독립적인 고양이를 향한 모부의 도전 이야기

### No. 91 마녀의 역사
Future Publishing 지음 | 강영준 옮김
풍부한 자료로 알아보는 마녀의 어두운 진실!

### No. 92 스타워즈 라이트세이버 컬렉션
대니얼 월리스 지음 | 권윤경 옮김
전설의 무기 라이트세이버의 장대한 역사

### No. 93 페르시아 신화
오카다 에미코 지음 | 김진희 옮김
인간적인 면이 돋보이는 페르시아 신화의 전모

### No. 94 스튜디오 지브리의 현장
스즈키 도시오 지음 | 문혜란 옮김
프로듀서 스즈키 도시오가 공개하는 지브리의 궤적

### No. 95 영국의 여왕과 공주
Cha Tea 홍차 교실 지음 | 김효진 옮김
영국 왕실의 초석을 쌓은 여성들의 22가지 이야기

### No. 96 전홍식 관장의 판타지 도서관
전홍식 지음
판타지의 거의 모든 것을 살펴보는 방대한 자료

### No. 97 주술의 세계
Future Publishing 지음 | 강영준 옮김
다양한 시각 자료로 알아보는 주술의 역사와 이론

### No. 98 메소포타미아 신화
야지마 후미오 지음 | 김정희 옮김
인류에게 많은 유산을 남긴 최초의 문명 이야기

### No. 99 일러스트 공룡 대백과
G. Masukawa 지음 | 김효진 옮김
풍부한 일러스트로 공룡의 이모저모를 완전 해부.

### No. 100 고대 로마 글래디에이터의 세계
스티븐 위즈덤 지음 | 문성호 옮김
로마 검투사의 실제 일상과 훈련, 장비 등을 상세 해설.

### No. 101 우에다 신의 도해 한국전쟁
우에다 신 지음 | 강영준 옮김
한국전쟁 참전국들의 병기를 치밀한 일러스트로 소개.

### No. 102 총기 대전
가노 요시노리 지음 | 오광웅 옮김
과학의 시점에서 파고드는 총의 본질

### No. 103 연금술
요시무라 마사카즈 지음 | 김진희 옮김
중세 과학, 문학, 예술에 큰 영향을 준 연금술의 역사

### No. 104 우에다 신의 도해 중동전쟁
우에다 신 지음 | 강영준 옮김
중동전쟁에 동원된 병기를 일러스트로 해설

### No. 105 아라비안나이트
니시오 테츠오 지음 | 문성호 옮김
에로스와 환상의 거대한 이야기 모음집

### No. 106 죽은 자는 알고 있다
바버러 부처 지음 | 김효진 옮김
범죄 현장 조사의 위험한 세계로 초대

## -AK TRIVIA SPECIAL

### 환상 네이밍 사전
신키겐샤 편집부 지음 | 유진원 옮김
의미 있는 네이밍을 위한 1만3,000개 이상의 단어

### 중2병 대사전
노무라 마사타카 지음 | 이재경 옮김
중2병의 의미와 기원 등, 102개의 항목 해설

### 크툴루 신화 대사전
고토 카츠 외 1인 지음 | 곽형준 옮김
대중 문화 속에 자리 잡은 크툴루 신화의 다양한 요소

### 문양박물관
H. 돌메치 지음 | 이지은 옮김
세계 각지의 아름다운 문양과 장식의 정수

### 고대 로마군 무기·방어구·전술 대전
노무라 마사타카 외 3인 지음 | 기미정 옮김
위대한 정복자, 고대 로마군의 모든 것

### 도감 무기 갑옷 투구
이치카와 사다하루 외 3인 지음 | 남지연 옮김
무기의 기원과 발전을 파헤친 궁극의 군장도감

### 중세 유럽의 무술, 속 중세 유럽의 무술
오사다 류타 지음 | 남유리 옮김
중세 유럽~르네상스 시대에 활약했던 검술과 격투술

### 최신 군용 총기 사전
토코이 마사미 지음 | 오광웅 옮김
세계 각국의 현용 군용 총기를 총망라

### 초패미컴, 초초패미컴
타네 키요시 외 2인 지음 | 문성호 외 1인 옮김
100여 개의 작품에 대한 리뷰를 담은 영구 소장판

### 초쿠소게 1,2
타네 키요시 외 2인 지음 | 문성호 옮김
망작 게임들의 숨겨진 매력을 재조명

### 초에로게, 초에로게 하드코어
타네 키요시 외 2인 지음 | 이은수 옮김
엄격한 심사(?!)를 통해 선정된 '명작 에로게'

### 세계의 전투식량을 먹어보다
키쿠즈키 토시유키 지음 | 오광웅 옮김
전투식량에 관련된 궁금증을 한 권으로 해결

### 세계장식도 1, 2
오귀스트 라시네 지음 | 이지은 옮김
공예 미술계 불후의 명작을 농축한 한 권

### 서양 건축의 역사
사토 다쓰키 지음 | 조민경 옮김
서양 건축의 다양한 양식들을 알기 쉽게 해설

## 세계의 건축
코우다 미노루 외 1인 지음 | 조민경 옮김
세밀한 선화로 표현한 고품격 건축 일러스트 자료집

## 지중해가 낳은 천재 건축가 -안토니오 가우디
이리에 마사유키 지음 | 김진아 옮김
천재 건축가 가우디의 인생, 그리고 작품

## 민족의상 1,2
오귀스트 라시네 지음 | 이지은 옮김
시대가 흘렀음에도 화려하고 기품 있는 색감

## 중세 유럽의 복장
오귀스트 라시네 지음 | 이지은 옮김
특색과 문화가 담긴 고품격 유럽 민족의상 자료집

## 그림과 사진으로 풀어보는 이상한 나라의 앨리스
구와바라 시게오 지음 | 조민경 옮김
매혹적인 원더랜드의 논리를 완전 해설

## 그림과 사진으로 풀어보는 알프스 소녀 하이디
지바 가오리 외 지음 | 남지연 옮김
하이디를 통해 살펴보는 19세기 유럽사

## 영국 귀족의 생활
다나카 료조 지음 | 김상호 옮김
화려함과 고상함의 이면에 자리 잡은 책임과 무게

## 요리 도감
오치 도요코 지음 | 김세원 옮김
부모가 자식에게 조곤조곤 알려주는 요리 조언집

## 사육 재배 도감
아라사와 시게오 지음 | 김민영 옮김
동물과 식물을 스스로 키워보기 위한 알찬 조언

## 식물은 대단하다
다나카 오사무 지음 | 남지연 옮김
우리 주변의 식물들이 지닌 놀라운 힘

## 그림과 사진으로 풀어보는 마녀의 약초상자
니시무라 유코 지음 | 김상호 옮김
「약초」라는 키워드로 마녀의 비밀을 추적

## 초콜릿 세계사
다케다 나오코 지음 | 이지은 옮김
신비의 약이 연인 사이의 선물로 자리 잡기까지

## 초콜릿어 사전
Dolcerica 가가와 리카코 지음 | 이지은 옮김
사랑스러운 일러스트로 보는 초콜릿의 매력

## 판타지세계 용어사전
고타니 마리 감수 | 전홍식 옮김
세계 각국의 신화, 전설, 역사 속의 용어들을 해설

## 세계사 만물사전
헤이본샤 편집부 지음 | 남지연 옮김
역사를 장식한 각종 사물 약 3,000점의 유래와 역사

## 고대 격투기
오사다 류타 지음 | 남지연 옮김
고대 지중해 세계 격투기와 무기 전투술 총망라

## 에로 만화 표현사
키미 리토 지음 | 문성호 옮김
에로 만화에 학문적으로 접근하여 자세히 분석

## 크툴루 신화 대사전
히가시 마사오 지음 | 전홍식 옮김
러브크래프트의 문학 세계와 문화사적 배경 망라

## 아리스가와 아리스의 밀실 대도감
아리스가와 아리스 지음 | 김효진 옮김
신기한 밀실의 세계로 초대하는 41개의 밀실 트릭

## 연표로 보는 과학사 400년
고야마 게타 지음 | 김진희 옮김
연표로 알아보는 파란만장한 과학사 여행 가이드

## 제2차 세계대전 독일 전차
우에다 신 지음 | 오광웅 옮김
풍부한 일러스트로 살펴보는 독일 전차

## 구로사와 아키라 자서전 비슷한 것
구로사와 아키라 지음 | 김경남 옮김
영화감독 구로사와 아키라의 반생을 회고한 자서전

## 유감스러운 병기 도감
세계 병기사 연구회 지음 | 오광웅 옮김
69종의 진기한 병기들의 깜짝 에피소드

## 유해초수
Toy(e) 지음 | 김정규 옮김
오리지널 세계관의 몬스터 일러스트 수록

## 요괴 대도감
미즈키 시게루 지음 | 김건 옮김
미즈키 시게루가 그려낸 걸작 요괴 작품집

## 과학실험 이과 대사전
야쿠리 교시쓰 지음 | 김효진 옮김
다양한 분야를 아우르는 궁극의 지식탐험!

## 과학실험 공작 사전
야쿠리 교시쓰 지음 | 김효진 옮김
공작이 지닌 궁극의 가능성과 재미!

## 크툴루 님이 엄청 대충 가르쳐주시는 크툴루 신화 용어사전
우미노 나마코 지음 | 김정규 옮김
크툴루 신화 신들의 귀여운 일러스트가 한가득

## 고대 로마 군단의 장비와 전술
오사다 류타 지음 | 김진희 옮김
로마를 세계의 수도로 끌어올린 원동력

## 제2차 세계대전 군장 도감
우에다 신 지음 | 오광웅 옮김
각 병종에 따른 군장들을 상세하게 소개

## 음양사 해부도감
가와이 쇼코 지음 | 강영준 옮김
과학자이자 주술사였던 음양사의 진정한 모습

## 미즈키 시게루의 라바울 전기
미즈키 시게루 지음 | 김효진 옮김
미즈키 시게루의 귀중한 라바울 전투 체험담

## 산괴 1~3
다나카 야스히로 지음 | 김수희 옮김
산에 얽힌 불가사의하고 근원적인 두려움

## 초 슈퍼 패미컴
타네 키요시 외 2명 지음 | 문성호 옮김
역사에 남는 게임들의 발자취와 추억